Erich Steitz
Kausalität
und
menschliche Freiheit

Der Autor

Erich Steitz wurde am 9. März 1934 in Wecklingen/Saar geboren. Nach dem Abitur studierte er Naturwissenschaften mit den Schwerpunkten Biologie, Chemie und Physik. 1963 Promotion zum Doktor rer.nat. mit der *Arbeit „Untersuchungen über die Tumorbildung bei Bastarden von Nicotiana glauca und N. langsdorffii"*. Im selben Jahr wurde er Wissenschaftlicher Assistent im Zoologischen Institut der Universität des Saarlandes. 1970 wurde er zum Akademischen Rat ernannt und war bis 1998 in der Lehre des Fachbereiches Biologie der Universität in den Bereichen der Systematischen Zoologie, Meeresbiologie und Anthropologie tätig. Er ist Autor mehrerer Bücher, Forschungsberichte und Aufsätze. In seinem in 3. Auflage erschienenen Werk „*Die Evolution des Menschen*" behandelt er nicht nur Funde, sondern vor allem den theoretischen Hintergrund der Menschwerdung: Verwandtschaft und Sonderstellung des Menschen von der Molekularbiologie bis zur Entstehung seiner Kulturfähigkeit. In seinem Buch „*Evolution oder Schöpfung*" nimmt Erich Steitz mit Koautor Manfred Müller Stellung zu einem spannenden Thema unserer weltanschaulichen Diskussion.

Erich Steitz

Kausalität und menschliche Freiheit

Oldib Verlag

Bibliografische Information der Deutschen Nationalbibliothek
Die Deutsche Nationalbibliothek verzeichnet diese
Publikation in der Deutschen Nationalbibliografie;
detaillierte bibliografische Daten sind im Internet
über http://dnb.ddb.de abrufbar.

www.oldib-verlag.de
Oldib Verlag Oliver Bidlo
Lerchenstr. 37
45134 Essen

Umschlaggestaltung: Oliver Bidlo
Umschlagfoto Kette: Randen Pederson. Titel: Anchor Chain
Lizenzierung: Creative Commons
http://creativecommons.org/licenses/by/2.0/deed.de
Umschlagfoto Schmetterling: Angela Goldinger
Herstellung: Books on Demand GmbH, Norderstedt

ISBN 978-3-939556-08-4

Inhalt

Vorwort

Am Eingang einiger Säle, in denen zum Thema „Willensfreiheit“ Diskussionsrunden mit Neurobiologen, Philosophen, Theologen, Soziologen, Psychologen u. a. Stellung bezogen wurde, war die Tafel angebracht: „Der freie Wille ist eine Illusion. Eltern haften trotzdem für ihre Kinder.“ Präziser kann die aktuelle Problematik im Spannungsfeld zwischen Kausalität und Freiheit nicht auf den Punkt gebracht werden. Kausalität bezeichnet die Beziehung (Relation) zwischen Ursache und Wirkung, also die Einheit beider Ereignisse/Zustände zusammen. Die Kausalität hat eine feste zeitliche Richtung, die immer von der Ursache ausgeht, auf der die Wirkung folgt. Die Betätigung eines Lichtschalters beispielsweise verursacht, dass eine Lampe erstrahlt. In einer Kausalkette wird jede Wirkung selbst wieder zur Ursache für eine neue Kausalität und somit zu einem neuen Kausalereignis. Die Kausalkette ist eine streng zeitliche Aneinanderreihung von hintereinander ablaufenden Kausalitäten. Ein typisches Beispiel hierfür sind umfallende Dominosteine: Der angestoßene Stein A hat als Wirken sein Umfallen und ist dadurch Ursache für den nächsten Stein B, der kippen wird. Für den Dominostein B ist der Stein A die Ursache für sein eigenes Kippen, da die zeitliche Richtung A<B<C< ... ist. Der kippende Stein B ist wieder die Ursache für den noch stehenden Stein C und so weiter. Die Anerkennung der Kausalität hat die logische Konsequenz, dass die Abläufe in der Welt determiniert (vorherbestimmt) sind. Bleibt da noch Spielraum für Freiheit? Gewiss sind viele Prozesse, auch in unserem Leben, determiniert. Sind wir nicht lange vor den Neuronen bereits durch das Schicksal und das Milieu determiniert worden? Würde das in letzter Konsequenz gar bedeuten, dass jeder Gedanke und jedes fallende Blatt im Augenblick des Urknalls vorherbestimmt war?

Hauptanliegen des Buches ist es, Spielräume für menschliche Freiheit, und seien sie noch so klein, aufzuzeigen und zu begründen. Hierbei mussten massive Klötze auf dem gedanklichen Weg vom Prinzip der Kausalität bis hin zur umstrittenen Frage menschlicher Freiheit beiseite geräumt werden. Die Kapitel 1 bis 5 zeigen die Spuren der angesprochenen Aktivitäten. Kapitel 6 „Kausalität und lebende Systeme“ versucht auf der Basis systemtheoretischer Betrachtungen dem Kernanliegen des Buches gerecht zu werden: In welcher Beziehung stehen komplexe Systeme wie das Gehirn und das Phänomen der Freiheit zueinander? Danach erscheint der Weg frei, auf Wesenheiten des Menschen näher einzugehen: Bewusstsein, Verantwortung, Moral, Normen, Selbstbewusstsein.

Dies zur Gliederung des Buches. Auf Kapitel 4 „Gott und Wissenschaft" sei besonders hingewiesen. In ihm wird die Frage behandelt, warum es den ‚Parameter' Gott im Wissenschaftsbetrieb nicht gibt. Diese Frage ist dem Autor ein besonders wichtiges Anliegen. In dem Kapitel wird ein Problem aufgezeigt, das zu den fundamentalsten unserer Zeit gehört: Viele Menschen können die beiden Sachverhalte Glaube und Wissenschaft (insbesondere Naturwissenschaft) nicht auf einen Nenner bringen, können diese nur kontrovers diskutieren. Oder sie schreiten zur unerlaubten Vermischung beider, wie dies Mitte 2007 von der Kultusministerin eines Bundeslandes versucht wurde. In diesen Verhaltensweisen spiegeln sich enorme Defizite bzgl. elterlicher und schulischer Erziehung der Heranwachsenden wider. Solches muss ein Ende haben. Ein gnädiges Geschick hat dem Abendland die Aufklärung beschert. Machen wir Gebrauch davon!

Erich Steitz

1. Einleitung

Neurowissenschaftler unserer Tage haben die von Locke, Hume, Newton, Laplace, Kant, Marx u. a. aufgeworfene Frage aktualisiert, ob alles, was in der Welt geschieht, determiniert bzw. nicht determiniert ist. Einige behaupten, dass dort, wo wir meinen, freie Entscheidungen zu treffen, die von uns empfundene Freiheit nur eingebildet, eine Illusion sei. Alles in unserem Leben sei, ihrer Überzeugung nach, determiniert. Nach dem Kausalitätsprinzip, das besagt, dass bei gleichen Ursachen gleiche Wirkungen erzielt werden, sei, so die Argumentation, alles in dieser Welt in seinem Ablauf festgelegt. Eine Sammlung kritischer Stellungnahmen zu dieser Thematik findet sich in dem von Christian Geyer als Herausgeber veröffentlichten Werk: *Hirnforschung und Willensfreiheit* (Zur Deutung der neuesten Experimente). Wie kam es zu den oben angesprochenen, erneut aufgeworfenen Behauptungen?
Der US-Neurobiologe Benjamin Libet führte Messungen am Gehirn von Versuchspersonen durch, die gezeigt haben, dass sich im Gehirn elektrische Bereitschaftspotenziale zu einer Handlung bereits bis zu einer Sekunde vor einem Entschluss zur dieser Handlung zeigen. Einfacher gesagt: Das Gehirn hat eine Handlung längst beschlossen und eingeleitet und vermittelt dem Probanden nur das Gefühl, dass er es ist, der den Entschluss gefasst und in die Tat umgesetzt hat.
Nicht der Willensentschluss eines sich selbst bewussten Ichs sei die Ursache unseres Handelns, sondern ein von unbewussten neuronalen Prozessen gesteuerter Wille gab den Befehl. Bevor also die Entscheidung in das Bewusstsein einer Person eindringt, habe das Gehirn bereits die Handlung angeordnet. Die Gründe dafür liefert uns der bewusste Willensimpuls erst danach, er bietet uns so etwas wie die nachträgliche Anerkennung oder Rechtfertigung einer Entscheidung, die das Gehirn bereits getroffen hat: *Ich* will, was *ich* tue. In Wirklichkeit jedoch hätten neuronale Prozesse längst entschieden. Das subjektive Erleben, als ein freies Ich zu handeln, sei eine Täuschung.
Es bedarf noch sehr vieler weiterer Experimente, um diese Versuchsergebnisse, die inzwischen mittels verfeinerter Methoden von vielen anderen Gehirnforschern bestätigt wurden, rational zu erklären. Sollte dies nicht gelingen, fände ein Paradigmenwechsel ohnegleichen statt. Die Folgen eines nicht mehr vom Ich, sondern eines von unbewussten neuronalen Prozessen gesteuerten Willens gestalteten sich für unser Rechtssystem dramatisch. Sobald sich der freie Wille verflüchtigt, gerät unser Strafrecht ins Wanken. „*Wenn das*

stimmen sollte", so der Hirnforscher Gerhard Roth, *„würde unsere gesamte westlich-demokratische Weltsicht auseinander brechen.*" Die in direkter Stellungnahme hauptsächlich von Seiten der Philosophie und Theologie vorgetragenen Gegenargumente fruchten vorerst kaum und erschöpfen sich in dem Morgensternschen Slogan, *"dass nicht sein kann, was nicht sein darf"*.
Selbst unter Neurowissenschaftlern finden sich nur ganz wenige, die auf der Basis Libetscher Untersuchungen zu brauchbaren (falsifizierbaren) Hypothesen gelangten. Zur „Rettung" des freien Willens wird das Ich (über das Ichbewusstsein hinaus) um unbewusste Teilbereiche erweitert, denen gleichfalls Entscheidungskompetenz zugesprochen wird. Dies erfüllt in der Tat nicht die Kriterien für *eine rational fassbare Erklärung* bezüglich der von Libet ermittelten vorverlagerten (unbewussten) Bereitschaftspotenziale.
So nimmt Dr. Werner Sonn, Theologe und Philosoph (2007) zu den aufgeworfenen Fragen u. a. wie folgt Stellung:

„Aber auch wenn festgestellt würde, dass unser Gehirn die Entscheidungen, zumindest scheinbar, schneller vollzieht als unser Bewusstsein (…), so würde es sich dabei gleichwohl um unsere Entscheidungen und nicht einfach nur um Entscheidungen des Gehirns handeln. Denn es handelt sich dabei ja um das lebende und denkende, bzw. um mein Gehirn. Mithin sind auch alle Entscheidungen, deren Spuren sich bei rein physiologischer Betrachtung im Gehirn feststellen lassen, zugleich meine Entscheidungen, von denen freilich ein großer Teil unbewusst oder vorbewusst stattfinden mag. Wobei es ja immer so sein wird, dass jeder bewussten Entscheidung oder Erkenntnis ein unbewusster Moment vorangeht, in dem ich das Ergebnis meiner Überlegungen noch nicht kenne sondern erst suche. Danach müsste sich freilich auch die Spur der gefundenen Erkenntnis oder vollzogenen Entscheidung im Gehirn immer einen Moment vor dem Bewusstwerden finden. Damit ist das Problem der Willensfreiheit freilich vorläufig nur vom Gehirn auf das Ich, oder was man im weitesten Sinne ‚Ich' nennen kann, verlagert."

Die Ausführungen Sonns vermitteln den Eindruck, es handle sich bei Gehirn und Ich um zwei verschiedene Entitäten, wie dies auch von Popper und Eccles in dem Buch *„Das Ich und sein Gehirn"* vertreten wird. Bei einer solchen Sachlage würden die von Libet stammenden Untersuchungsergebnisse tatsächlich im Sinne Sonns kein Problem darstellen. Das Ich ist aber in modernerer, monistischer Sicht (s. Glossar Stichwort „Monismus") eher ein an die Struktur und Funktion des Gehirns gebundener Sachverhalt, was die

oben getroffene (dualistische) Unterscheidung zwischen Gehirn und Ich als nicht gerechtfertigt erscheinen lässt.
Das Ich erlebt der Mensch als das eigene Sein in den Ausdrucksformen von Denken, Fühlen und Handeln und betrachtet sich insofern auch meist als der Urheber derselben. Das Ich wird daher als Persönlichkeitsmittelpunkt empfunden, der die Struktur der Person maßgeblich bestimmt. In diesem Sinne wird es aufgefasst als real seiender Quell oder Wesenskern von Eigen- und Selbstschöpfung.

Versuch einer falsifizierbaren Hypothese aus Philo Wiki:

„Physikalischer Determinismus und Kausalität – ein Diskussionsbeitrag zum Thema 'Freiheit im Kopf': Würde das eigentliche Entscheidung auslösende Hirnareal ein anderes sein als jenes, von welchem das Bereitschaftspotenzial abgegriffen wird und würde zwischen beiden ein Signal verzögerndes Element angeordnet sein, nicht aber zwischen Entscheidung auslösendem und Aktion aktivierendem Areal, so wäre die Zeitumkehr der Signalanfänge erklärbar. Das müsste etwa aus der Hirnanatomie plausibel gemacht werden.“

Die im Folgenden dargestellten Forschungsergebnisse zeigen, dass in der Tat unterbewusste Aktivitäten des Gehirns an bewussten Handlungen teilhaben können. Diese entstehen indessen nicht spontan, sondern werden durch unbewusste Sinneswahrnehmungen initiiert.
Das Unterbewusstsein scheint ein Gespür für Geld zu haben. Das heißt, auch wenn Menschen unbewusst wahrnehmen, dass ihnen höhere Gewinne winken, strengen sie sich mehr an. Die Forscher zeigten Probanden Bilder von verschieden großen Geldmünzen, die allerdings nur 50 Millisekunden lang zu sehen waren – zu kurz, um bewusst wahrgenommen zu werden, aber lange genug, um ins Unterbewusstsein zu gelangen. Um an diesen Geldbetrag zu kommen, sollten die Probanden einen Griff mit der Hand so fest wie möglich drücken. Je fester dies geschah, desto höher war der in Aussicht gestellte Gewinnanteil. Obwohl die zu erwartenden Geldbeträge unterhalb der (bewussten) Wahrnehmungsschwelle präsentiert wurden, drückten die Versuchspersonen bei größeren Beträgen fester als bei kleineren. Ohne zu ‚wissen', dass ihnen ein höherer Lohn in Aussicht gestellt wurde, waren also die Probanden ‚gewillt', mehr zu leisten. Unsere Maxime, bei höherer Lohnaussicht auch mehr zu leisten, bedarf offenbar nicht eines von uns bewusst

durchgeführten Willensaktes. Auch die neurobiologischen Daten der Forscher weisen darauf hin, dass es keine Rolle spielt, ob das motivierende Signal bewusst oder unbewusst wahrgenommen wird. Die in einem Kernspin-Tomographen durchgeführten Experimente erlaubten die Messung der Hirnaktivität während der Reaktion des Gehirns auf unterschwellige Signale. Die Forscher beobachteten, dass die Aktivität im ventralen Pallidum – einer entwicklungsgeschichtlich alten Struktur an der Basis des Gehirns – umso stärker wurde, je höher die zu erwartende Belohnung war.
Frühere Studien haben gezeigt, dass dieselbe Region aktiv wird, wenn Menschen eine Belohnung bewusst wahrnehmen. Die neuronalen Prozesse scheinen stets dieselben zu sein. Da das ventrale Pallidum nicht Teil der Hirnrinde ist, in der bewusste Prozesse ablaufen, vermuten die Hirnforscher, dass die motivierenden Signale gar nicht erst ins Bewusstsein dringen müssen, um das Verhalten zu beeinflussen. Der Grund könnte darin liegen, dass auf unbewusster Ebene eine schnellere Verarbeitung solcher vergleichsweise simpler Informationen möglich ist. Vielleicht handelt es sich um ein noch immer funktionales Überbleibsel der Evolution. Die Erschließung komplexerer Sachverhalte, wie etwa die Entschlüsselung eines Satzes, dürfte indessen nur unter umfassenderer bewusster Kontrolle seitens des Gehirns möglich sein. Es sei nochmals betont: die geschilderten unbewussten Prozesse sind die Reaktion auf sehr kurze und deshalb nicht bewusst wahrgenommene äußere Signale, keineswegs sind sie (davon unabhängige) spontane Aktivitäten des Gehirns.

2. Indetermination versus Determination

Neben den Deterministen gibt es Wissenschaftler, die behaupten, dass die Vorgänge in der Welt nicht determiniert seien. Sie stützen sich hierbei wesentlich auf die „Unbestimmtheitsrelation“ von Heisenberg, womit die spektakuläre Hypothese gemeint ist, dass es grundsätzlich (also unabhängig von methodischer Problematik) unmöglich ist, den Ort und den Impuls eines Elementarteilchens gleichzeitig exakt zu bestimmen und somit auch die Vorausberechenbarkeit seines weiteren Verhaltens nicht gegeben ist. Ein Elementarteilchen verhält sich demnach undeterminiert. Der Begriff Unbestimmtheitsrelation ging unter dem (weniger genauen) Namen Unschärferelation in die Alltagssprache ein.
Was ist mit „Methodischer Problematik“ gemeint? In allen wissenschaftlichen Untersuchungen greift der Wissenschaftler notwendigerweise in das zu entschlüsselnde Gefüge ein. Der zu untersuchende Sachverhalt wird also durch den Eingriff beeinflusst und somit (mal mehr, mal weniger) verfälscht. So könnte man sich beispielsweise vorstellen, dass bei der Untersuchung eines Elektrons unter dem Mikroskop, wozu eine energiereiche Strahlung von sehr kleiner Wellenlänge vonnöten wäre, das Elektron unter dem Einfluss der Strahlung so gewaltsam aus seiner Bahn geworfen würde, dass sich seine Geschwindigkeit verändert und somit deren genauere Bestimmung ausgeschlossen ist.
Doch gerade diese Art Problematik soll bei der Heisenbergschen Unbestimmtheitsrelation keine Rolle spielen. Sie sei nicht die Folge methodischer Unzulänglichkeiten. Nach der Unbestimmtheitsrelation soll es, so die Meinung vieler Physiker, aus prinzipiellen Gründen unmöglich sein, den Ort und den Impuls eines Teilchens gleichzeitig und beliebig exakt zu messen, weswegen auch die Vorausberechenbarkeit seines weiteren Verhaltens nicht möglich sei. Ein Elementarteilchen verhalte sich danach, so die Hypothese, undeterminiert.
Ob nicht doch methodische Unzulänglichkeit mit im Spiele ist? Hier soll der Versuch unternommen werden, den angesprochenen Zweifel anschaulich zu begründen: Die Unbestimmtheitsrelation operiert wesentlich mit dem Zufall in dem Sinne, dass wir die einzelnen Faktoren nicht genau kennen, was aber nicht heißt, dass wir sie grundsätzlich nicht kennen können. Deshalb darf auch nicht von der Unbestimmbarkeitsrelation gesprochen werden, also der

schlechterdings Unmöglichkeit, auf diesem Felde der Physik zu rational fassbaren Ergebnissen zu kommen. Dieser Begriff enthält eine nicht falsifizierbare Behauptung, sie bedeutet Grenzüberschreitung. Es ist wie beim Wurf eines Würfels. Wir sprechen von einem zufälligen Ergebnis. Hätten wir jedoch genaue Auskunft über Gewicht, Oberflächenbeschaffenheit, Kraftwirkung(en), Schwerpunkt usw. des Würfels, dann könnten wir das Ergebnis sehr wohl vorhersagen. Nicht anders dürfte es sich in der Quantenphysik verhalten. Die Befürworter der Quantenphysik behaupten aber, dass man prinzipiell nicht alle Faktoren, d. h. nicht alle Bestimmungsstücke der klassischen Betrachtungsweise kennt bzw. kennen kann, man also beispielsweise von Teilchen spricht, die es nach klassischer Vorstellung in der Quantenphysik so nicht gibt.

Das ist es, was Einstein so beunruhigte und ihn zu solchen Sätzen wie „Gott würfelt nicht" veranlasste, d. h. es war für ihn nicht vorstellbar, dass es in dieser Welt willkürlich ablaufende Prozesse geben soll. Er anerkannte zwar die Quantenmechanik als Teil der Wahrheit, doch blieb er bis an sein Lebensende davon überzeugt, dass die Quantenmechanik nicht die ganze Wahrheit sei. Er glaubte an „verborgene Parameter", mit deren Hilfe man die Quantentheorie schließlich zu einer vollständigen Theorie ausbauen könnte.

Die Heisenbergsche Unbestimmtheitsrelation hat nach einer die Hypothese der prinzipiellen Indeterminiertheit in der Quantenmechanik besonders gut veranschaulichenden Berechnung des österreichischen Physikers Roman Sexl beispielsweise die Konsequenz, dass bei einer Kollisionsfolge zwischen Billardkugeln, selbst unter idealen Bedingungen, die siebte Kugel die achte nicht mehr mit Sicherheit trifft. Nach achtfacher Potenzierung hätte die aus der unbestimmten Lage der Moleküle an den Kugeloberflächen resultierende Unschärfe nämlich das Ausmaß eines ganzen Kugeldurchmessers bereits erreicht.

Dieses sehr schöne, das Wesen der Quantenphysik veranschaulichende Beispiel, bedarf indessen noch der experimentellen Bestätigung bzw. Falsifikation.

Heißt undeterminiert auch akausal (ohne Grund), wie dies von nicht wenigen Wissenschaftlern angenommen wird? Oder heißt es lediglich, dass sich aus dem Verhalten eines Elementarteilchens kein von uns erfassbarer gesetzlicher Zusammenhang herleiten lässt? Physiker wie Harald Lesch vertreten den Standpunkt der Akausalität im Geltungsbereich der Heisenbergschen

Unbestimmtheitsrelation. (Harald Lesch und das Quot-Team: Physik für die Westentasche. München/Zürich, Piper, 2005):

„Kausalität ist ein integraler Bestandteil der physikalischen Methode. Umso seltsamer mutet es an, dass in den Grenzbereichen der Physik, z. B. in der Quantenmechanik, auch akausale Vorgänge, also Vorgänge ohne Grund, ablaufen. Ein Beispiel hierfür ist der radioaktive Zerfall eines instabilen Kerns, der sich völlig zufällig und ohne angebbaren Grund jetzt oder erst in zehn Minuten, oder auch erst in zehn Jahren vollzieht."

Wir werden auf diese Frage in dem späteren Kapitel *„Kausalität und lebende Systeme"* näher eingehen. Dem Autor dieser Zeilen erscheint die Gleichsetzung von Undeterminiertheit und Akausalität unverständlich, zumindest nicht zwingend bewiesen. Dafür müsste man alle Parameter eines solchen Systems kennen, und das ist schlichtweg nicht möglich. Bedeutet Undeterminiertheit, dass die kosmische Evolution ebenso wie die biologische keinem bestimmten Ziel zustrebt? Dies ist nicht auszuschließen, was indessen nicht heißt, dass sie nicht irgendwann doch ein Ende finden wird. Hasenhüttl (2001) plädiert für Undeterminiertheit wie folgt:

„Der Kosmos ist (…) als ein Prozess anzusehen. In diesem ist die Zukunft nicht vorhersehbar, und zwar grundsätzlich, weil alle komplexen Prozesse, vor allem die des Lebens, „verzweigter Natur" sind. Jedes solcher Systeme gelangt zu Verzweigungspunkten, Bifurkationen. An diesen Punkten ist der Prozess offen, d. h. er ist nicht eindeutig determiniert. Er hat die „freie Wahl". Unmittelbar vor der Bifurkation ist die Chaoszone, die diese Wahl erlaubt."

Bemerkenswert ist die Formulierung „freie Wahl". Ist hier Freiheit gemeint als Mangel an Determination? Basiert die Annahme, unser Wille sei „frei", entsprechend auf einer Negation des Determinismus, d. h. auf Willkür? Freiheit ist, wie zuerst Leibniz mit scharfsinnigen Argumenten klar gemacht hat, innerhalb einer gesetzmäßig verfassten Welt nur zu *retten*, wenn sie als eine besondere Qualität der Determination unsere Handlungen, nicht aber als Ausfall von Determination begriffen wird. In Kapitel 6 *„Kausalität und lebende Systeme"* wird dieses Postulat eingehender diskutiert werden.

Als Bifurkation (lat. *bifurcatio*, Gabelung) bezeichnet man die Gabelung eines Flusses und teilweises Abfließen des Wassers in ein anderes Flusssystem, wodurch der Fluss zwei Flusssystemen angehört. In der Anatomie versteht man darunter die Gabelung in zwei Äste, z. B. die Gabelung der Luftröhre in ihre beiden Hauptluftröhrenäste (*Bifurcatio tracheae*). In der Zahntechnik ist mit diesem Begriff die Gabelung der Zahnwurzel gemeint.

Im Naturgeschehen soll es (in dem auf die Physik übertragenen Sinne) nach Meinung der Anhänger des Indeterminismus unzählige solcher Bifurkationen geben. Bei dem noch zu besprechenden Doppelpendelversuch meinen sie auf anschauliche Weise Bifurkationen nachweisen zu können, die gemäß dem Beispiel der Billardkugeln aufgrund der Heisenbergschen Unbestimmtheitsrelation einen (prinzipiell?) nicht voraus bestimmbaren Verlauf nehmen. Ein schönes Beispiel zur Veranschaulichung der Bifurkation im physikalischen Sinne ist das folgende:

Betrachten wir eine Stahlkugel, die aus einer gewissen Höhe auf eine senkrecht stehende, mit der Schneide nach oben zeigende Rasierklinge fällt. Nach dem Berühren der Rasierklinge wird die Kugel eine entweder nach rechts oder nach links abweichende Flugbahn einnehmen, je nachdem, auf welcher Seite der Rasierklinge sich der Schwerpunkt der Kugel befindet. Doch selbst, wenn wir alle uns noch so sehr anstrengen, den Schwerpunkt in wiederholten Versuchen auf das Zentrum der Schneide zu justieren, werden wir immer wieder diese uns willkürlich erscheinende Flugbahn beobachten. Makroskopisch ist ein deterministisches Verhalten nicht zu beobachten.

Wie sieht die Sache bei mikroskopischer Betrachtung aus? Wir wollen ein paar Annahmen treffen, die uns einer eindeutigen Aussage näher bringen sollen. Zunächst sei das die Klinge umgebende Gravitationsfeld homogen, des Weiteren sei die Klinge beliebig scharf. Ist uns die Lage jedes einzelnen Atoms bekannt, können wir ausrechnen, wo der Schwerpunkt der Kugel liegt. Nach der Heisenbergschen Unbestimmtheitsrelation hat jedes Atom eine Hülle, die durch die Aufenthaltswahrscheinlichkeit der Elektronen gebildet wird. Um den wirklich genauen Schwerpunkt der Kugel zu ermitteln, müssen wir wissen, wo sich während der Berührung die Elektronen befinden. Nach der Heisenbergschen Unbestimmtheitsrelation lässt sich darüber keine Aussage machen. Auch mikroskopisch gesehen kann also der Schwerpunkt nicht genau bestimmt werden, und somit ist die Frage, auf welche Seite die Kugel fällt, (vorerst?) nicht zu beantworten, sie ist ergebnisoffen.

Die Dynamik der Bifurkationen ist ein Beispiel für die Irreversibilität der Zeit. Der Zeitpfeil fliegt stets nur in Richtung Zukunft. An jeder Gabelung wird durch die Verstärkung von winzig kleinen Umständen eine ‚Entscheidung' getroffen. Hierbei ist die Kausalität in jedem Moment wirksam, wenn auch die Verzweigung, so die Theorie, unvorhersehbar vor sich geht. Für Prigogine, Nobelpreisträger für Chemie, ist aus den dargelegten Gründen die Zukunft unbestimmbar und er nennt dieses ein neues „Unbestimmtheitsprinzip", wobei Systeme jenseits gewisser Schwellen der Komplexität in unvorhersehbare Richtungen laufen.

Existiert also kein fester Plan, nach dem alles in der Welt uhrwerksmäßig abläuft? Ist das Weltgeschehen vielmehr als offenes System anzusehen, für das allenfalls bestimmte Rahmenbedingungen (Naturgesetze, Naturkonstanten usw.) gelten (s. Popper/Lorenz, 1985: *Die Zukunft ist offen*)?

Konrad Lorenz, Nobelpreisträger für Medizin (Physiologie), hat in der ersten Hälfte des vergangenen Jahrhunderts an Stelle der Tierpsychologie die Verhaltensbiologie als neues biologisches Fach in der Naturwissenschaft etabliert. Mit Popper zusammen hat er auch Einfluss auf die Philosophie genommen. Beide haben die Philosophie mit der von ihnen ins Leben gerufenen „Evolutionären Erkenntnistheorie" in umfassender Weise um erkenntnisrelevante Parameter erweitert.

Die Evolutionäre Erkenntnistheorie besagt, dass das menschliche Erkenntnisvermögen im Leben eines Menschen durch angeborene Selektionsaspekte geprägt ist, welche durch die Evolution vermittelt sind. Dass wir die Welt erkennen können, ist also weder Zufall noch unmittelbare göttliche Fügung, sondern auf natürliche Weise erklärbar. Denken und Erkennen sind Leistungen des menschlichen Gehirns. Unsere kognitiven Strukturen passen auf unsere Welt, weil sie sich in Anpassung an diese Welt herausgebildet haben. Diese Passung ist nicht vollkommen, aber ausreichend für das Überleben unter Konkurrenz. Sie erstreckt sich vor allem auf den Mesokosmos, den Kosmos mittlerer (irdischer) Dimension. Der sog. Makrokosmos erstreckt sich vom Mesokosmos bis hin zum unendlich Großen, der sog. Mikrokosmos bis hin zum unendlich Kleinen.

Gerhard Vollmers Arbeiten haben die Evolutionäre Erkenntnistheorie – jene vor allem auf Konrad Lorenz zurückgehende Neuerung in diesem Zweig der Philosophie seit den Tagen Kants – erstmals auf ein systematisches Fundament gestellt und damit als zentrales Thema philosophischer Forschung verfügbar gemacht. Verwiesen sei auf sein wichtigstes Werk: *Was können wir wissen?* Band 1: *Die Natur der Erkenntnis*. – Band 2: *Die Erkenntnis der Natur*. Zu den besonderen Vorzügen dieses Werkes gehört, dass der Autor sowohl Philosoph als auch Naturwissenschaftler ist, so dass er sich in den Traditionen und Methoden beider Felder unserer Kultur kenntnisreich und souverän bewegt und beide sowohl didaktisch geschickt als auch sachlich angemessen vermittelt.

Unser Gehirn hat sich also im Laufe der Evolution zur Verbesserung der Überlebenschancen entwickelt, nicht zu einer möglichst objektiven Welterkenntnis. Die Strategie der Natur heißt also: Wohlempfinden vor Wahrheitsfindung. Der Philosoph Karl R. Popper ist besonders durch seine wissenschaftliche Methodenkritik bekannt geworden. Sie besagt, dass für Erkenntnisfortschritte in der Wissenschaft das Kriterium der prinzipiellen Falsifizierbarkeit eine entscheidende Rolle spielt. Wissenschaftler haben sich nach Popper bei der Prüfung von wissenschaftlichen Erkenntnisansprüchen von vornherein nicht zu fragen, welche Gründe und Ereignisse eine Theorie bestätigen (verifizieren), sondern müssen vielmehr die Frage stellen, welche möglichen Tatsachen als Widerlegungen (Falsifikationen) in Betracht kommen. Die positive Bewährung einer Theorie besteht darin, dass sie allen bisherigen Widerlegungsversuchen standgehalten hat. Sie kann damit vorläufig als wahre wissenschaftliche Erkenntnis akzeptiert werden. Die Sozialphilosophie Poppers belegt besonders eindrucksvoll seine Überzeugung eines offenen Weltgeschehens. Jeder Eingriff in eine soziale Ordnung bringe, so Popper, neben den geplanten Konsequenzen stets auch nicht eingeplante und unvorhersehbare Folgen mit sich, weswegen er utopische und ganzheitliche Entwürfe zur Gesellschaftsveränderung ablehnte. Die Zukunft sei offen und könne nicht zu einem bestimmten Zeitpunkt ganzheitlich geplant werden. Poppers politische Zielvorstellung war die pluralistische demokratisch-liberale „Offene Gesellschaft“. Wichtige Kriterien für die „Offenheit“ einer Gesellschaft (im Gegensatz zu einer„geschlossenen“, totalitären) waren für ihn: Das Maß an individueller Freiheit der Bürger, Rechtsstaatlichkeit, Institutionen zur öffentlichen Kontrolle von politischer und wirtschaftlicher Machtkonzentration sowie Weltanschauungs- und Parteienpluralismus.

Die in neuerer Zeit ins Leben gerufene Chaosforschung befasst sich mit Phänomenen, denen (obwohl den Gesetzen der Kausalität gehorchend) ebenfalls ihre Nichtvoraussagbarkeit eignet. Viele Beispiele (etwa aus der Strömungslehre) verdeutlichen, was gemeint ist. So können Luftströmungen beim heutigen Stand der Wissenschaft nicht vorausberechnet werden, weswegen z. B. eine zuverlässige Wettervoraussage über mehrere Tage nicht möglich ist.

Alle Schneeflocken dieser Welt sind hinsichtlich ihrer kristallinen Feinstruktur Unikate (Singularitäten), d.h. die Morphogenese neuer Schneeflocken ist im Ergebnis offen, bringt also immer wieder anders strukturierte Eiskristalle hervor. So sind auch Fingerabdrücke oder die Strukturen und Farben der Iris im Auge Unikate. Eine vom Tisch fallende, am Boden zerschellende Vase bleibt im Weltgeschehen in seinem Ergebnis bis zum Ende aller Zeiten ein einmaliges Ereignis. Die Liebesbeziehungen unter den Menscher sind in aller Welt Singularitäten.

Aus dem Alltag kennen wir Beispiele, die wir wegen ihrer verwirrenden Unübersichtlichkeit als chaotisch bezeichnen.

Im Winter 1984/85 war an einem Morgen dichter Nebel angesagt, die Sichtweite sank unter 30 Meter. Dennoch fuhren auf der Autobahn zwischen Köln und Aachen die Autos auf der Überholspur mit unverminderter Geschwindigkeit. Verkehrschaos trat ein: Rund 200 Autos, darunter viele Lastwagen, verkeilten sich ineinander zur größten Massenkarambolage dieses Winters. Auch wenn millionenfach dieses Szenario nachgestellt würde, es führte nie zum gleichen Ergebnis. Auch hier ein Geschehen mit nicht wiederholbarem Ausgang.

Betrachten wir ein Beispiel aus der Mechanik, das Doppelpendel.

Beim Doppelpendel wird ein zweites Pendel an ein erstes angehängt und beide können frei und (so soll einmal angenommen werden) ohne Reibung um ihren Aufhängepunkt rotieren. Durch die so gegebene Kopplung werden die Schwingungen jedes der beiden Pendel durch die des anderen beeinflusst. Im Ruhezustand hängen beide Pendel einfach herab. Stößt man die aneinanderhängenden Pendel leicht an, so schaukeln sie hin und her wie die Glieder eines Hampelmännchens. Auch bei sehr starkem Startschwung ist die Bewegung regelmäßig: wie eine sich überschlagende Schiffsschaukel rotieren beide Pendel gestreckt um den Aufhängepunkt.

Bei mittelkräftigem Anstoß entwickelt sich am Überschlagspunkt Chaos, also etwas nicht Voraussagbares. Jedes Pendel muss sich etwa am Scheitelpunkt, wo es für einen Augenblick stillsteht, „entscheiden", ob es sich überschlägt oder wieder zurückfällt. Dies ist ein sehr anschauliches Beispiel für das oben angesprochene Phänomen der Bifurkation. Wild schaukelnd oder gerade noch überkippend drehen sich dann beide Pendel vor- oder rückwärts umeinander – ein Fall von „Zwei-Teilchen-Chaos" in einem konstanten äußeren Kraftfeld der Erdanziehung.

Bei längerer Betrachtung der Vorgänge zeigt sich, dass das Langzeitverhalten des Doppelpendels bei jedem Versuch ein anderes Ergebnis zeitigt. Sein Verhalten ist (definitionsgemäß) chaotisch. Das hängt u. a. mit dem Umstand zusammen, dass das Doppel-Pendel-System auf kleinste Störungen reagiert. So kann beispielsweise die Gravitationswelle einer Supernova-Explosion im fernsten Winkel der Welt, die hier äußerst schwach ankommt, auf das Pendel einwirken. Es spielt also gewissermaßen das ganze Weltall bei einem solchen Pendelversuch (mit Blick auf immer wieder stattfindende Bifurkationen) mit. So sind interessanterweise die Verlaufsformen computersimulierter Doppelpendelversuche, in denen die Randbedingungen keinen Veränderungen unterliegen, auch über lange Zeiträume reproduzierbar.

Eine wesentliche Rolle dürfte aber auch das nach Heisenberg nicht (voraus)bestimmte Geschehen im extrem kleinen Bereich der Elementarteilchen spielen. Es sei an den Physiker Sexl erinnert, der die Folge kollidierender Billardkugeln berechnete und zu dem Ergebnis kam, dass, selbst unter idealen Bedingungen, die siebte Kugel die achte nicht mehr trifft. Nach achtfacher Potenzierung hätte die aus der unbestimmten Lage der Moleküle an den Kugeloberflächen resultierende Unschärfe nämlich das Ausmaß eines ganzen Kugeldurchmessers bereits erreicht. Derartige Potenzierungen dürfte es auch beim Doppelpendel geben, was erklärt, dass selbst die engsten benachbarten Anfangssituationen nach einiger Zeit die Pendel auf völlig getrennte Bahnen führen. Auch bei milliardenfacher Wiederholung wird sich immer wieder zeigen, dass keine Bahn einer anderen gleicht.

So kann das Doppelpendel als ein betont einfaches physikalisches System das umfassende Wesen der Natur in sehr anschaulicher Weise charakterisieren. Es demonstriert uns, dass das zukünftige Geschehen offen ist, ähnlich wie wir dies bei der lebendigen Materie, bei Pflanzen, Tieren und bei uns Menschen vermeinen beobachten zu können. Indessen, auch wenn bei all dem, mit Blick auf die Quantentheorie, eine prinzipielle Unberechenbarkeit zugrunde liegen sollte, in keinem Falle dürfte dies (akausale) Willkürlichkeit bedeuten. Der Flügelschlag eines Schmetterlings irgendwo in China, so behaupten Chaosspezialisten, kann noch nach Wochen das Wettergeschehen Mitteleuropas maßgeblich beeinflussen. Bewiesen sind indessen dergleichen Behauptungen bislang noch nicht. Aus jüngerer Zeit stammende Ergebnisse der Chaosforschung zeigen, dass auch determinierte Systeme, wenn sie hinreichend komplex sind, nicht vorhersehbare Schwankungen aufweisen (Richter und Rost, 2002). Ein solches System mag in jeder Einzelheit einer strengen Kausalität gehorchen, dennoch wird es auf Grund seiner Nichtlinearitäten chaotische Fluktuationen durchlaufen. Ein stets konstant bleibender Zustand lässt sich nicht garantieren.

In diesem Kapitel war mehrfach vom Zufall die Rede, beispielsweise in den Ausführungen von Harald Lesch, in denen er die Meinung vertritt, dass der radioaktive Zerfall eines instabilen Kerns sich völlig zufällig und ohne angebbaren Grund vollziehe. Wie stichhaltig ist diese Aussage?

3. Das Zufällige in der Welt

Als zufällig bezeichnen wir Abläufe, die nicht gesetzlich festgelegt (determiniert) erscheinen, es sich also um das Eintreten oder Zusammentreffen von Ereignissen handelt, die (nach menschlicher Erfahrung) nicht zu erwarten waren. Wer würde das Zusammentreffen eines Höhenstrahls mit einem DNS-Molekül nicht als zufällig bezeichnen, die darauf hin erfolgende Mutation, also Änderung der Erbsubstanz, ebenfalls nicht als zufällig betrachten? In diesem Sinne zufällig treten, wie Naturwissenschaftler meinen, alle Änderungen der Erbsubstanz auf. Der biologische Sinn ist der, dass Mutationen die genetische Mannigfaltigkeit innerhalb von Populationen erweitern. Die Wertung solcher Veränderungen mit Blick auf die Lebenstauglichkeit ihrer Träger (ob besser, gleich oder weniger gut) erfolgt (erst danach) durch die Selektion, denn der Zufall allein kann kein lebensfähiges System hervorbringen. Selektion gehört unabdingbar dazu.

Das Zusammenspiel von zufälligem Mutationsangebot und zweckmäßiger Anpassung durch Auslese ist der entscheidende Sachverhalt, der die biologische Evolution in Gang hält. Mit anderen Worten: die – zufallsgeborenen – Mutationen schaffen die für jegliche Anpassung unentbehrliche Plastizität, und die durch die Besonderheiten der Umwelt vorgegebene Ordnung spielt die Rolle der prägenden Form. Im Lebensgeschehen gilt also stets das Prinzip von Zufall und Notwendigkeit.

Bei sexuell sich fortpflanzenden Lebewesen gibt es keine Alternative zu dieser Überlebensstrategie, denn zum Zeitpunkt der Mutagenese, der Umwandlung eines Gens zu einem neuen Allel, ist noch völlig offen, wie die sich im Genotyp veränderte Erbanlage im Phänotyp, also im Erscheinungsbild des sich entwickelnden Vertreters einer neuen Generation, strukturell auswirken wird. Welche Umweltbedingungen werden zum Zeitpunkt der Geburt gerade vorliegen? Wie soll der Genotyp dies im Voraus ‚wissen'? Das molekulare Geschehen würde eine Voraussicht erfordern, die es unter rationalen Gesichtspunkten nicht geben kann. Mutationen sind daher, wie gesagt, aus guten Gründen zufällig und deshalb ungerichtet.

Indessen: Zufall ist nicht gleich Zufall. Meist meinen wir mit Zufall das, was beim Würfeln oder bei der Ziehung der Lottezahlen herauskommt. Das ist der „reine Zufall" und nicht der, der im Leben und Überleben die herausragende Rolle spielt. Beim Würfeln hat die gerade gewürfelte Zahl keinerlei

Einfluss auf die nächste, die kommen wird. In der Evolution ist der Zufall anderer Art: Jede zufällige Änderung hängt davon ab, welche Beschaffenheit das Erbgut gerade hat und welche Veränderung lebensfähig ist. Lebensuntaugliche Mutationen entwickeln sich erst gar nicht oder erweisen sich als untauglich, bevor sich der Träger dieser Änderung wieder fortpflanzen kann. Allein die Voraussetzung, dass sich jede Veränderung in das Leben des Organismus einfügen muss, sortiert einen Großteil der dafür nicht in Betracht kommenden Mutationen aus. Mutationen erlangen ihren höchsten Wirkungsgrad erst durch die „Erfindung" der Sexualität im Evolutionsgeschehen. In den Anfängen der stammesgeschichtlichen Entwicklung lebender System gab es die Sexualität noch nicht. Erst auf der Entwicklungsstufe der Bakterien hat die Natur diese bedeutsame ‚Erfindung' gemacht, was zu einer starken Beschleunigung des Evolutionsgeschehens beigetragen hat. Mit anderen Worten: Ohne Sexualität stünden die höchst entwickelten Organismen wohl immer noch auf der Entwicklungsstufe der Bakterien.

Bei der sexuellen Fortpflanzung entstehen ständig neue und unterschiedliche Genotypen. Dies ist ein entscheidender Unterschied zu den Organismen, die sich durch einfache Teilung des Körpers fortpflanzen, wie es von den meisten Bakterien, vielen Einzellern und niederen Würmern bekannt ist. Bei den meisten Arten der genannten Gruppen kommt indessen immer wieder neben der rein vegetativen Fortpflanzung sexuelle Fortpflanzung vor. Die durch Teilung entstehenden Nachkommen besitzen stets denselben Genotyp. Anders bei der geschlechtlichen Fortpflanzung: Ständig neue und unterschiedliche Genotypen entstehen dadurch, dass im Prozess der sexuellen Fortpflanzung die Gene bei der Bildung der Fortpflanzungszellen auf die Hälfte reduziert werden und diese Hälften bei der Befruchtung der Eizelle wieder zusammenkommen. Auf diese Weise werden die in einer Population vorhandenen Gene (einschließlich der durch Mutation neu entstandenen) immer wieder neu kombiniert, und somit wird die Variabilität erhöht. Hohe Variabilität aber bedeutet Erhöhung der Chancen für zufällig gutes Angepasstsein der Individuen einer Population, worin die grundlegende Bedeutung der sexuellen Fortpflanzung besteht.

In der Regel ist in einer Population die Zahl der verschiedenen strukturell abgewandelten Gene (Allele) so hoch, dass gar nicht alle Kombinationsmöglichkeiten jemals realisiert werden können. Dies ist auch der Grund dafür, dass jedes Individuum in einer sich sexuell fortpflanzenden Population, so auch der einzelne Mensch – sehen wir von eineiigen Zwillingen ab – im Hinblick auf die spezifischen Erbanlagen eine Einmaligkeit, ein ‚Unikat' darstellt.

Klaus Michael Meyer-Abich (2007):

„Albert Einstein war überzeugt, dass 'Gott nicht würfelt'. Unabhängig vom Verständnis der Quantentheorie, um das es ihm dabei ging, hätte ihn die Evolutionstheorie vielleicht zu dem Zugeständnis bewegen können, dass Gott doch ein bisschen würfelt – nicht im Großen, wohl aber im Kleinen. Der Grund dafür ist, dass Optima durch stochastische Variationen (griech. stochastikos 'Kunst des Mutmaßens') *leichter zu erreichen sind, als wenn alle Möglichkeiten durchprobiert werden."*

Die Variabilitätserhöhung durch Sexualität erfährt eine Steigerung durch die sog. „erleichterte genetische Variation". Es handelt sich um wissenschaftliche Erkenntnisse der letzten 10 Jahre, die sich mit der Evolution komplexer Systeme des Lebens befassen. Darwin selbst erkannte den größten Schwachpunkt in seiner Evolutionstheorie: Wie konnten komplexe Strukturen wie das Auge oder ein Flügel entstehen, wenn eine solche Entwicklung doch eine enorme Anzahl von zunächst nutzlosen oder gar störenden Zwischenschritten erfordert? Hätten diese nach der Theorie Darwins denn je eine Überlebenschance gehabt?
Dieses Problem ist durch die neuere biologische Forschung einer Lösung näher gebracht worden. Siehe hierzu das 2007 erschienene Werk von Marc W. Kirschner und John C. Gerhart: Die Lösung von Darwins Dilemma. Die beiden Autoren stellen eine Theorie vor, deren zentraler Aspekt die schon genannte „erleichterte genetische Variation" ist. Den Kernpunkt der Theorie bildet die Beobachtung, dass Lebewesen seit mehreren hundert Jahrmillionen, teilweise seit über einer Milliarde Jahren, bestimmte Kernprozesse nutzen, die im Verlauf der Evolution zumindest aus molekulargenetischer Sicht nur wenig abgewandelt wurden.
Was soll dies besagen? Die Evolution macht sich zum einen zunutze, dass viele Eiweiße mehrere Funktionen besitzen und sich daher für unterschiedliche Zwecke in verschiedenen „Schaltkreisen" einsetzen lassen. Zum anderen werden derart komplexe Organismen wie Tiere einschließlich des Menschen von relativ wenigen Genen gesteuert, denn viele Gene erfüllen mehrere Funktionen, indem sie sich zu gegebenen Zeitpunkten und in unterschiedlichem Kontext an- und abschalten lassen. Relativ geringfügige Änderungen in

solchen Schaltungen erzeugen unter Umständen eine beträchtliche Abweichung beim Organismus, machen also im regulatorischen Bereich enorme Änderungen im Erscheinungsbild des Organismus in wenigen Schritten möglich. Mit anderen Worten: Die Natur ging im Baukastenprinzip vor, verwendete alte genetische Rezepte immer wieder, um so mit relativ wenigen Elementen größtmögliche phänotypische Variation zu erzeugen.

Die obige Definition des Zufalls enthält die Einschränkung *„(...) nach menschlicher Voraussicht (...)"*. Möglicherweise ist der Zufallsbegriff überhaupt ein nur unserer menschspezifischen Wirklichkeit zukommender Begriff. *„Würfelt Gott?"* ist hier erneut zu fragen. Einstein hat diese Frage, wie oben erwähnt, verneint. Sind Gott und Zufall (wie wir ihn verstehen) miteinander vereinbar? Um diese Frage zu beantworten, müsste der Mensch über ein absolutes Wissen verfügen, und das ist nicht möglich. Viele Ereignisse in der Welt erscheinen daher dem Menschen als zufällig, weil er ihre Ursachen und komplexen Entstehungsbedingungen nicht kennt. In diesem Sinne markiert der Zufall die Grenzen unseres Wissens. Von daher verstehen sich die Schwierigkeiten, Vorgänge in der Welt eindeutig als determiniert oder nicht determiniert zu beurteilen. Schwierigkeiten bereitet in dieser Hinsicht noch eine andere Überlegung:

Unter denktheoretischen Gesichtspunkten gilt es zu beachten, dass sich in der zeitlichen Abfolge des Weltgeschehens niemals eine Situation (völlig identisch) wiederholt, dass also in keinem noch so exakt durchgeführten wissenschaftlichen Experiment dieselben Ausgangsbedingungen vorliegen (können). Der Zeitpfeil kennt also keine Wiederholungen z. B. auf Kreisbahnen. Alles Geschehen hat in der zeitlichen Abfolge (um im Bild zu bleiben) einen spiraligen Verlauf, ist somit einmalig und entzieht sich des Weiteren (streng genommen) auch der Möglichkeit einer Wahrscheinlichkeitsaussage auf der Basis statistischer Analyse. Unter diesem Gesichtspunkt ist die Definition der Kausalität als die Folge gleicher Wirkungen bei gleichen Ursachen eine nicht bewiesene, vielleicht auch nie beweisbare Hypothese, denn es gibt aus den dargelegten Gründen keine identischen Ursachen im Weltgeschehen.

Der Mond umkreist die Erde, so nehmen viele Menschen unbefangen an, auf einer konstanten Bahn, auf einer Kreisbahn. In Wirklichkeit ist die Bahn elliptisch, wie der Astronom Keppler herausgefunden hat. Doch auch dies stimmt nicht ganz. Die Umrundungen der Erde durch den Mond stellen nämlich, wie die Schneeflocken, Unikate dar. Keine gleicht in ihrer geometrischen Beschaffenheit einer anderen. Denn jede neue Umlaufbahn beginnt

mit anderen Rahmenbedingungen, was bedeutet, dass keine Wiederholung stattfindet.
So nimmt der Mond bekanntlich Einfluss auf die Gezeiten an der Erdoberfläche; riesige Wassermengen werden dauernd in Bewegung gehalten, wodurch (infolge von Reibungsverlusten) sowohl die Rotation der Erde um ihre eigene Achse als auch der Mond in seiner Umlaufgeschwindigkeit rund um die Erde abgebremst wird, was den Abstand des Mondes von der Erde sukzessiv um 3,8 Zentimeter pro Jahr vergrößert. So stellen die Umlaufbahnen nicht in sich geschlossene Kreise oder Ellipsen dar, sondern bilden in der zeitlichen Abfolge eine Spirale.
Dieser Sachverhalt gilt prinzipiell auch für andere Bereiche des Universums. So hat die Bahn der Erde um die Sonne, wie man wiederum seit Keppler zu wissen glaubt, einen elliptischen Verlauf. Schaut man indessen genauer hin, zeigt sich, dass die Erde, wie alle Planeten, nicht einfachen Ellipsenbahnen folgen. Das wäre der Fall, wenn allein die Sonne ihre Bewegung regierte. In Wirklichkeit ziehen sie sich untereinander an, und vor allem der schwergewichtige Jupiter lässt seinen Einfluss spüren. Dieser Sachverhalt ist der Grund dafür, dass bis zum heutigen Tag eine exakte Berechnung der Umlaufbahnen der Planeten nicht gelungen ist. Dieses Beispiel soll nur verdeutlichen, dass es auch für einfach erscheinende Vorgänge in der Natur nicht so ohne weiteres einfache Lösungen gibt.
Die Sonne ihrerseits bewegt sich auf spiralförmigen Bahnen innerhalb unserer Galaxie, der Milchstraße. Diese wiederum bewegt sich unter dem Einfluss benachbarter Galaxien gleichfalls auf spiralförmigen Bahnen usw.
Das nächste Beispiel verdeutlicht, was gemeint ist. Die als Spirale darstellbare Hologenie zeigt, dass die stammesgeschichtliche Entwicklung in der Generationenabfolge über Keimesentwicklungen verläuft. Die von der befruchteten Eizelle ausgehende Entwicklung eines jeden Individuums bis hin zum Tode wird als Ontogenie (oder auch als Ontogenese) bezeichnet. Durch erbliche Änderungen (Mutationen), die sich in jeder Ontogenie realisieren, kommt es in den Jahrmillionen der Erdgeschichte zu entsprechenden Änderungen der Organisationstypen der Organismen. Es kommt zu der stammesgeschichtlichen Entwicklung, zur sog. (sich in Spiralen vollziehenden) Phylogenie, wie es beispielsweise von den Fischen aufwärts bis zu den Vögeln und Säugern aufzeigbar ist.
Die bisher dargestellten Beispiele zeigen, dass die Nichtbestimmtheit und die daraus abzuleitende Nichtvorhersehbarkeit von Prozessen nicht gleichbedeu-

tend mit Undeterminiertheit ist. Am Beispiel des Doppelpendels haben wir gesehen, dass sein immer wieder anders geartetes (chaotisches) Verhalten darin seine Ursache hat, dass einerseits die Anfangsbedingungen nicht in exakt gleicher Weise wiederholt werden können und andererseits die erwähnten Bifurkationen immer wieder Spielräume für „freie Wahl" liefern. Wir erinnern uns: *„(...) das gesamte Weltall spielt gewissermaßen mit"* und sorgt immer wieder für neue (andersartige) Bedingungen und Abläufe. Dadurch wird (so die Schlussfolgerung) Singularität konstituiert und auch die Einmaligkeit unserer Welt. Aus einem zweiten Urknall würde sich eine andere Welt entwickeln. Und dennoch: Die Frage der Determination resp. Indetermination bleibt, auch wenn *„das ganze Weltall mitspielt"*, eine offene Frage. Das Weltall ist in diesem Falle ein Faktor wie jeder andere.

Fassen wir zusammen:

Es fehlt immer noch ein zwingender Beweis dafür, dass es grundsätzlich (selbst im Bereich der Quantenphysik) keine Determination gibt. Auch die Bifurkation, bei der von „freier Wahl" die Rede ist, kann determiniert sein. Wir erkennen die Determination möglicherweise nur nicht, weil wir nicht alle Parameter berücksichtigen können und wir deshalb aus unserer beschränkten Sichtweise solche Vorgänge als chaotisch, offen, nicht vorausberechenbar, als unbestimmt, als unbestimmbar, als undeterminiert usw. bezeichnen.
Mancher Naturwissenschaftler meint, Gott durch den Zufallsbegriff ersetzen zu können, verkennend, dass ein solcher Schritt schon angesichts unseres begrenzten Wissens, unabhängig von Transzendenzfragen, eine für Naturwissenschaftler nicht zulässige Grenzüberschreitung darstellt. Wie dargelegt, operiert z. B. die Evolutionstheorie mit dem Zufallsbegriff. So treten Mutationen offensichtlich nicht gerichtet, sie treten zufällig auf. Dies ist eine Arbeitshypothese, die sich in der naturwissenschaftlichen Forschung bewährt hat, wofür es keine vernünftige Alternative gibt, die allerdings an Grenzen stößt und auf transzendente Fragen keine Antwort geben kann.

4. Gott und Wissenschaft

Woher kommt es eigentlich, dass in den Wissenschaften, insbesondere in den Naturwissenschaften, Gott nicht berücksichtigt wird? Diesem Umstand ist zuzuschreiben, dass heutzutage viele Menschen meinen, Gott generell verneinen zu können bzw. zu müssen.

Es ist (selbst in wissenschaftlichen Kreisen) in Vergessenheit geraten, dass Gott als Parameter aus den Denk- und Arbeitsmethoden der Wissenschaft in einem bewussten Willensakt „ausgeklammert" wurde, und zwar aus der Erkenntnis heraus, dass das Transzendente per definitionem empirisch nicht zugänglich ist. Die Naturwissenschaft befasst sich nur mit empirisch erfassbaren, mit realen Dingen. Naturwissenschaftliche Forschung wurde erst zu Beginn der Neuzeit als eigenständige Disziplin nach der damals alles beherrschenden Theologie (sie war sowohl Hort des Wissens als auch des Glaubens) ins Leben gerufen.

Im 15./16. Jahrhundert begann die mittelalterliche Ordnung allmählich zu zerbrechen. Radikale Veränderungen warfen ihre Schatten voraus. Diese Epoche wird als Zeitalter der Entdeckungen charakterisiert. Spanische und portugiesische Seefahrer (man denke an Kolumbus) wagten sich immer weiter auf die Weltmeere hinaus und entdeckten neue Länder und Erdteile. Astronomen wie Kopernikus erforschten das Weltall und kamen zu Erkenntnissen, die den Lehren der Kirche widersprachen. Das grundlegende Problem der Kirche bestand in ihrer hartnäckig verteidigten Annahme, an der Unantastbarkeit der Bibel festhalten zu müssen, an der Gewissheit, alle in den Texten der Bibel dargestellten Sachverhalte seien als historisch wahre Tatsachen zu verstehen. Die Bibel war nicht nur ein heiliges, sie war für die Kirche auch ein naturkundliches Buch.

Die Schöpfungsberichte am Anfang der Bibel benutzen für die Dokumentation jenes voraussetzungslosen Anfangs wie selbstverständlich die Weltbilder von damals. Ungeachtet dessen schildern sie den Schöpfungsvorgang (was modern anmutet) prozesshaft-dynamisch, als Vorgang in und mit der Zeit, was durch das viel diskutierte „Sechstagewerk" symbolhaft unterstrichen wird. Die vor dem geistigen Hintergrund dieser Zeit entwickelte Vorstellung der Schöpfung ist als Geniestreich zu werten. Die begnadeten Autoren hätten indessen wohl selbst eingeräumt, dass diese Vorstellung nicht für alle Zeiten gültig sein kann und muss. Dies zeigt sich schon darin, dass die Redakteure des Pentateuchs keine Bedenken hatten, zwei Schöpfungserzählungen, die sich in den einzelnen konkreten Schöpfungsvorgängen völlig voneinander unterscheiden, in das Buch der Bücher aufzunehmen. Es wäre wohl kein Problem gewesen, eine der Erzählungen zur Vermeidung von Irritationen unter den Tisch fallen zu lassen. Nein, sie taten es nicht. Sie wollten damit offensichtlich den Leser auf die epochenbedingte Spezifität der jeweiligen Sichtweisen und Erzählabsichten aufmerksam machen. Diese für die Menschheitsgeschichte bedeutsame redaktionelle Leistung kann als die Initialzündung, als die Geburtsstunde jedweder Exegese der Bibel verstanden werden. Die Bibel ist von Menschen verfasst worden. Sie bedarf daher durch alle Zeitläufe hindurch der ständigen Kritik, der ständigen Deutung, was die jüdisch-christlichen Religionen lebendig hält.

Auf die Erfindung des Buchdrucks ist zurückzuführen, dass die wissenschaftlichen Erkenntnisse schneller und umfassender verbreitet werden konnten, und dies nicht nur unter den Gelehrten, sondern auch zunehmend im einfachen Volk. Die mittelalterliche Ordnung wie die Weltanschauung kamen mehr und mehr ins Schwanken – eine neue Zeit war angebrochen.

Die Naturwissenschaften haben zur radikalen Veränderung der Welt in besonderer Weise beigetragen. Durch sie verlor die Kirche mehr und mehr an Bedeutung für das Leben der Menschen. Tausend Jahre lang hatten die religiösen Lehren der Kirche das Weltbild der Völker bestimmt. Mit Beginn der Neuzeit änderte sich dies. Die Macht der Kirche begann zu bröckeln, die Autorität des Papstes und der Bischöfe, auch der christliche Glaube selbst, wurde in Frage gestellt. Naturwissenschaftler haben nachweisen können: Das Weltbild der Bibel ist mit den neuen Erkenntnissen nicht vereinbar. Aufgrund astronomischer Forschungen konnte bewiesen werden, dass die Erde nicht im Mittelpunkt des Weltalls steht, wie es in der Vergangenheit gelehrt und von den Christen geglaubt worden war. Die Kirche war indessen nicht bereit, eine wissenschaftliche Sichtweise der Welt zu akzeptieren. Für sie war die Bibel, wie gesagt, unantastbar. Sie galt ihnen als unfehlbares Wort Gottes, als Heilige Schrift, die niemals irren könne.

Der „Fall Galilei“ lässt in besonders krasser Weise die wissenschaftsfeindliche Haltung der Kirche am Beginn des 17. Jahrhunderts erkennen. Der italienische Astronom und Physiker Galileo Galilei, von dessen Wirken noch die Rede sein wird, musste auf Druck der Kirche seiner Lehre, dass eben die Sonne und nicht die Erde den Mittelpunkt des Weltalls bildet, „abschwören“ und wurde daraufhin, um ihn zum Schweigen zu bringen, zu lebenslanger

Haft verurteilt. Diese starre Haltung hat dazu beigetragen, dass die Kirche mehr und mehr ihre Glaubwürdigkeit eingebüßt hat. Sie hat wissenschaftliches Denken nicht gefördert, sondern im Gegenteil unterdrückt, bekämpft und verteufelt. Die Bahn brechende Evolutionstheorie von Charles Darwin konnte sich nur gegen den äußersten Widerstand der Kirche durchsetzen. Die von Darwin gut belegte Erkenntnis, dass sich Arten den sich ändernden Bedingungen der Umwelt durch Änderung ihrer Gestalt anpassen, stand in schroffem Gegensatz zu den biblischen Darstellungen der Schöpfung, die, von Gott vollendet erschaffen, keiner nachträglichen ‚Korrektur' mehr bedarf. Zum Fall Galileo Galilei gibt es Pikantes zu berichten: Galilei ist, im Gegensatz etwa zu Kopernikus, niemals der katholischen Buchzensur zum Opfer gefallen. Im Juni 1633 hat die römische Inquisition Galilei gezwungen zu widerrufen. Er musste seine Position, wonach die Sonne im Mittelpunkt unseres Systems steht und die Erde als Planet unter anderen Planeten um die Sonne kreist, er musste diese Position, die er aufgrund naturwissenschaftlicher Beobachtungen mit dem Fernglas empirisch nachgewiesen hatte, widerrufen. Er musste das geozentrische System, welches der Lehre der Kirche entsprach, für wahr anerkennen. In der Bibel, im Buch Josua stehe doch: *„Sonne steh still im Tal von Gibeon. Und die Sonne stand still"* (Josua 10). Also, wenn die Sonne still stehen kann, dann bewegt sie sich doch, wie es in der heiligen Schrift heißt, um die Erde. Wenn es aber so ist, wie Galilei sagt, dass sich die Erde um die Sonne bewegt, dann kann doch diese Bibelstelle nicht stimmen. Wenn aber diese Bibelstelle nicht stimmt, dann steht doch die Bibel und deren Wahrheit generell zur Diskussion. Galilei wird einbestellt und muss vor dem Kardinal-Inquisitor Robert Bellarmin Rede und Antwort stehen. Bellarmin, offenbar ein kluger Mann und Galilei wohl gesonnen, d.h. gewillt, ihn vorm Scheiterhaufen zu bewahren, sagt Bemerkenswertes zu Galilei:

„Wenn du die Wahrheit dieses Systems behauptest, wenn du sagst, das ist tatsächlich so, das ist eine naturwissenschaftliche These, dass sich die Erde um die Sonne dreht, dann muss ich dich verurteilen. Wenn du das aber nur als Hypothese, als eine noch nicht bewiesene wissenschaftliche Unterstellung annimmst, dann kannst du diese anwenden. Wenn es dir beispielsweise gelingt, durch die Annahme des heliozentrischen Systems die Bewegung der Sternenbahnen des Nachts am Himmel für die Seeleute einleuchtender zu erklären als das komplizierte Schalenmodell des Aristoteles, dann kannst du das machen, weil du da-

mit etwas Sinnvolles für die Seeleute tust, aber nicht behauptest, dass das die Wahrheit sei, dass es sich eben nur um eine Hypothese handle."

Dieses Beispiel zeigt einmal mehr, dass die Bibel als der Hort aller Wahrheit, auch der naturkundlichen, zu gelten hatte.
Zum Wesen des Menschen gehört Wissensdrang. Von Aristoteles stammt der Satz: „*Alle Menschen streben von Natur aus nach Wissen*". Seine Erklärung: „*Wir streben von Natur aus nach Wissen, weil wir Freude an der Wahrnehmung der Natur haben.*"
Wahrnehmung heißt auf griechisch *aisthesis.* Aristoteles will uns also sagen, dass wir in „ästhetischer" Hinsicht Freude haben, dass wir „ästhetisch" neugierig sind, und dann anschließend versuchen, dieses Beobachtete, dieses sinnlich Erfasste in der Natur in irgendeiner Form so zusammen zu stellen, dass dabei Wissen entsteht, das ich ausdrücken und einem anderen mitteilen kann. Dieser im Menschen angelegte Wissensdrang musste im Mittelalter mit Religion zusammengebracht werden, also mit der klaren theologischen Vorgabe: Wahrheit ist, was sich mit dem katholischen Religionsinhalt deckt. Daraus entwickelte sich ein Denksystem, die Scholastik, die eine systematische, und zwar dialektische, Methode zur Wahrheitsfindung liefern wollte. Man hörte ein Argument, hörte das Gegenargument und entschied dann, was die Wahrheit ist. Man hatte also ein sehr formales Schema entdeckt, ein sehr exaktes Denken entwickelt im Rahmen dieser scholastischen Philosophie. Sie ist (basierend auf Aristoteles) erwachsen aus der Unterweisung und Erziehung der Geistlichen in den Klosterschulen. Sie diente auch anfänglich nur diesem Zweck. Das besagt schon der Name: Scholastik, Schullehre.
Als Begründer der Scholastik wird Anselm von Canterbury gesehen. Er wurde 1033 in Aosta, das in den italienischen Alpen an der Grenze zu Frankreich gelegen ist, geboren. Am 21. April 1109 ist er in Canterbury gestorben. In der katholischen Kirche wird er als Heiliger und Kirchenlehrer verehrt. Am bekanntesten ist Anselm für seinen ontologischen Gottesbeweis, den er in seinem *Proslogion,* eigentlich einer Meditation über das Wesen Gottes, formuliert. Dieser gehört zu den am meisten diskutierten Argumenten in der Philosophiegeschichte. Philosophen wie Thomas von Aquin, Hegel, Descartes und Kant setzten sich kritisch damit auseinander. Aus heutiger Sicht handelt es sich nicht um einen Beweis, da Transzendenz per definitionem nicht beweisbar ist, gleichwohl aber um eine der fundiertesten Aussagen über

Gott: „Gott ist das, über dem Größeres nicht gedacht werden kann“ *(quo maius cogitari non potest)*.

Die Philosophie der Scholastik war nun keine voraussetzungslose Forschung. Ihre Aufgabe war von vornherein festgelegt. Sie hatte das, was der Glaube schon als unumstößliche Wahrheit besaß, vernunftmäßig zu begründen und verstehbar zu machen. Sie war in dieser ganzen Zeit „ancilla theologiae“, die Magd der Theologie. So war die Methode der scholastischen Philosophie durch ihren Ausgangspunkt gekennzeichnet. Es handelte sich für sie ja nicht darum, die Wahrheit erst zu *finden*. Diese war mit der offenbarten Heilswahrheit schon gegeben. Es handelte sich nur darum, sie mittels des vernunftmäßigen Denkens zu *begründen* und *auszulegen*.

Ein Hauptkennzeichen der scholastischen Methode ist die schon erwähnte dialektische Gegenüberstellung der Argumente für und gegen eine bestimmte Auffassung. Die Methode wird daher mit dem Schlagwort „pro et contra“ (Für und wider) oder auch „sic et non“ (Ja und nein) benannt. Spezifisch für die Scholastik war, dass die Argumente in erster Linie nicht aus der unmittelbaren Beobachtung der Wirklichkeit und auch nicht aus vorurteilsloser vernunftgemäßer Erörterung entnommen wurden, sondern aus den Aussprüchen der vorangegangenen Denker und Kirchenväter, beziehungsweise natürlich der ‚Heiligen Schrift' selbst. Bevor der Scholastiker an die Entscheidung einer Frage heranging, registrierte er sorgfältig die einschlägigen Ansichten aller Vorgänger, stellte sie einander gegenüber und versuchte nach Abwägung und kritischer Prüfung ihrer Stichhaltigkeit (und Autorität) schließlich zu einem vermittelnden Ergebnis zu gelangen.

Ein Grundanliegen der Scholastik war, den tiefen Glauben an Gott (präziser muss man sagen: Glauben an den ‚gepredigten' Gott) mit einem profunden Wissen über die Natur zu versöhnen oder in Einklang zu bringen.

Was hat es mit dem ‚gepredigten' Gott auf sich? Im Mittelalter lag es allzu nahe, an den Gott der Kirche zu denken, wenn auf irgendeine Weise überhaupt von „Gott“ die Rede war. Auch heute gilt bei vielen Christen: Wer Gott sagt, meint doch im Allgemeinen tatsächlich den Allmächtigen und Allwissenden, dessen Stellvertreter in Rom sitzt und dessen Eigenschaften durch die Lehren der Kirche beschrieben werden. Aber darf man denn von Gott nur in kirchenamtlich festgelegtem Sinne reden? Wir finden bei Meister Eckhart und den Mystikern des ausgehenden Mittelalters, später bei den Theologen Schleiermacher und Tillich, viele Aussagen über das Wesen Gottes, die nicht mit den Bekenntnisschriften der Kirchen vereinbar sind, ganz zu schweigen von den Aussagen der Philosophen und Dichter. Warum soll man also den Begriff „Gott“ (ungeachtet der Frage der Verwechslung von Gott mit Bildern von Gott) nur der kirchenamtlichen Sprache überlassen? Die Distanzierung hiervon bedeutet also nicht automatisch „Atheismus“, der seitens der Kirche z. B. Darwin unterstellt wurde. Darwin bezeichnete sich als „Agnostiker“, also als einen Menschen, für den das *wahre Sein* (nach Kant *das Ding an sich*) oder die *übersinnliche Welt* letztendlich unerkennbar sind. Das ist eine redliche, jedem Menschen zu wünschende erkenntnistheoretisch korrekte geistige Haltung, die mit Atheismus nicht das Geringste zu tun hat. Darwin hat hinsichtlich seiner Einstellung zum Transzendenten nie Zweifel aufkommen lassen. So ist wohl zu unterscheiden zwischen Darwin mit seiner wissenschaftlichen Evolutionstheorie und den auf Darwin aufbauenden weltanschaulichen Folgerungen eines Haeckel und Feuerbach, von denen sich Darwin bezeichnenderweise distanziert hat.

Das Ausleseprinzip Darwins stampfte als Universalgesetz durch Natur und Geschichte und verband sich mit den materialistischen Strömungen des 19. Jahrhunderts, wie sie im Umfeld von Naturwissenschaft, Marxismus und Rassismus im Entstehen waren. Dass es zu dieser gefährlichen und brisanten Vermischung und Grenzüberschreitung kommen konnte, lag nicht zuletzt auch an Theologie und Kirche.

Kind solcher Vermischung war auch der sog. Sozialdarwinismus, eine nach Darwin benannte soziologische Theorienrichtung aus der zweiten Hälfte des 19. Jahrhunderts, die die Lehre von der natürlichen Auslese auf die Entwicklung menschlicher Gesellschaften übertrug. Diese seien als Teil der Natur den dort geltenden Gesetzen zu unterwerfen. Unter den von Natur aus ungleichen menschlichen Wesen setzten sich in sozialen Konfliktsituationen die „Tauglichsten“ durch, während sich die weniger Geeigneten unterzuordnen hätten. Menschliche gesellschaftliche Entwicklung sei demnach ein biologisch notwendiger Anpassungsprozess sowohl zwischen Individuen als auch zwischen verschiedenen Gruppen, Gesellschaften, Rassen oder Völkern. Eine solche Auffassung rechtfertigt jeweils bestehende gesellschaftliche Ungleichheiten und Ungerechtigkeiten als notwendig und unumgänglich. Sozialstaatliche Eingriffe seien daher abzulehnen. Die Frage, wie man die immer genauer werdenden Erkenntnisse über den Kosmos mit der Existenz Gottes unter ein geistiges Dach bringen kann, stand übrigens auch im Mittelpunkt der Diskussion, die Niels Bohr und Albert Einstein im 20. Jahrhundert geführt haben. Das Bewusstsein für Probleme dieser Art hat also in der Scho-

lastik seinen Anfang genommen, und es wird in dem vorzüglichen Werk von Hans Küng *Der Anfang aller Dinge* facettenreich beleuchtet.
Bezüglich der angeschnittenen Problematik hat der Dominikanermönch und Bischof Albertus Magnus (1193-1280) allergrößte Bedeutung erlangt. Die Lebenszeit Alberts fällt in das Hochmittelalter, eine Zeit des kulturellen und wirtschaftlichen Aufbruchs. Städte entstehen, so auch Köln, der hauptsächliche Wirkungsort Alberts. Es kommt zu einer inneren Erneuerung des Christentums durch neue religiöse Bewegungen wie die Franziskaner und die Dominikaner. Die Wissenschaft, Philosophie und Theologie, aber auch die Naturwissenschaften erfahren durch die Wiederentdeckung der Schriften des Aristoteles einen bedeutenden Aufschwung. Alle diese Entwicklungen sind in den Werken Alberts dokumentiert.
Albert organisierte in Köln zusammen mit seinem bedeutendsten Schüler Thomas von Aquin das *studium generale*, eine Art Ordenshochschule. Von 1254 bis 1257 war er Provinzial der deutschen Ordensprovinz, dann kurze Zeit Bischof von Regensburg, päpstlicher Legat und Kreuzzugsprediger. Am 15. November 1280 starb er im Dominikanerkonvent in Köln.
Albert versuchte, nicht aufzuzeigen, sondern vorzuleben, wie beide Bedürfnisse des Menschen – Glauben und Wissen – nebeneinander bestehen können und zueinander gehören. Man muss beides trennen und in seiner Gegensätzlichkeit hinnehmen Er lässt in dieser Hinsicht einen geradezu modernen Standpunk erkennen, wenn er schreibt:

„Wir haben in der Naturwissenschaft nicht zu erforschen, wie Gott nach seinem freien Willen durch unmittelbares Eingreifen die Geschöpfe zu Wundern gebraucht, durch die er seine Allmacht zeigt; wir haben vielmehr zu untersuchen, was im Bereich der Natur durch die den Naturdingen innewohnende Ursächlichkeit auf natürliche Weise geschehen kann."

Und weiter kann man lesen:

„Wenn nun jemand einwendet, Gott könne mit seinem Willen die Entwicklung in der Natur zum Stillstand bringen, wie es ja einen Zeitpunkt gegeben hat, in dem kein Werden geschah und nachdem es sich erst entwickelte, dann halte ich dem entgegen, dass ich mich um Wunder durch Gottes Eingreifen nicht kümmere, wenn ich Naturkunde treibe."

Dieses Denken bedurfte eigentlich nur noch der umfassenden Emanzipation von theologischen Fesseln, um den Weg zu Naturerkenntnissen zu ebnen, wie sie von Kopernikus, Galilei, Newton und anderen ganz Großen der Wissenschaftsgeschichte der Neuzeit erbracht wurden. Albertus Magnus war hierzu der Wegbereiter, der es (noch) nicht schaffte, sich völlig „freizuschwimmen" und ausschließlich Beobachter und Experimentator zu sein; er löste sich nicht weit genug von den Autoritäten, die er lesen und lehren musste. Er hat, wie gesagt, den Weg bereitet, den dann Forscher wie die oben genannten gegangen sind. Unter ihnen hat Isaac Newton (1642-1727) besondere Bedeutung erlangt. Vor ihm war die Naturwissenschaft nur ein Konglomerat von isolierten Einzelergebnissen und Gesetzen, das kaum geeignet war, Phänomene der Natur vorauszuberechnen. Im Jahre 1687 veröffentlichte Newton sein großes Werk *Philosophiae Naturalis Principia Mathematica,* in dem er ein einheitliches System von Gesetzen vorlegt, mit Hilfe derer erstmals in weiten Bereichen der Physik exakte Berechnungen vorgenommen werden können. So erlaubt beispielsweise das Gravitationsgesetz die Vorausberechnung der Schwingungen eines Pendels wie die Bewegungen der Planeten in ihrem Lauf um die Sonne.

Unter den geistigen Repräsentanten des Hochmittelalters nimmt Roger Bacon (1214-1294) einen besonderen Rang ein. Seine Schüler nannten ihn Doctor mirabilis, „wunderbarer Lehrer". Er war ein englischer Franziskaner-Mönch und Philosoph. Die Familie entstammte der oberen Mittelschicht, jedoch wurde während der Herrschaft Heinrichs III. das Vermögen beschlagnahmt und zahlreiche Familienmitglieder ins Exil vertrieben.

Roger Bacon studierte an der Universität Oxford, als Dozent hielt er Vorlesungen über Aristoteles. Er ging nach Frankreich, um an der Universität Paris zu arbeiten, die das damalige geistige Zentrum des intellektuellen Lebens in Europa war. Etwa 1245 kehrte er nach Oxford zurück.

Roger Bacon bestach durch seine naturwissenschaftliche Bildung. Er betrieb praktische Forschung, womit er im Gegensatz zur üblichen Haltung der Scholastiker stand, die Erkenntnis allein aus der Vernunft zu schöpfen versuchten. Für die Experimente setzte er sein Privatvermögen ein. Bacon wendete sich vor allem gegen Vorurteile, Gewohnheit und Mangel an Selbstkritik. Erkenntnis allein aus Vernunft, so Bacon, ist nicht möglich. Hierzu bedarf es vor allem auch der Erfahrung. Man kann ihn aufgrund dieser Haltung als einen der Urväter des britischen Empirismus ansehen.

Opus Maius, eines seiner Werke, enthält Kapitel über Mathematik und Optik, Alchemie und die Herstellung von Schwarzpulver sowie die Position und Größe von Himmelskörpern. Er beschrieb richtig die Gesetze der Spiegelung und der Lichtbrechung, untersuchte das Zustandekommen des Regenbogens, sowie den Zusammenhang der Gezeiten mit der Mondposition. Auch die Brille soll er erfunden haben. Schließlich soll er Erfindungen wie das Mikroskop, das Teleskop, fliegende Maschinen und Dampfschiffe vorausgesagt haben.
Schließlich verdient der bedeutende deutsche Kirchenmann, Kardinal und Universalgelehrte, Philosoph und Mathematiker Nicolaus von Cues (heute Bernkastel-Kues) besondere Hervorhebung. Er wurde 1401 in Cues geboren und starb am 11. August 1464 in Todi, Umbrien. Nikolaus von Kues, auch N. Cusanus genannt, vermittelt zwischen Mittelalter und Neuzeit, zwischen Scholastik und Humanismus. Bemerkenswert sind seine naturphilosophischen Ideen, die in heutigem Licht sehr modern erscheinen: Unendlichkeit des Alls, die Ede nicht so, wie bislang angenommen, im Mittelpunkt des Universums, Erdrotation, bewohnte extrasolare Planeten, um nur einige zu nennen. Er beschäftigte sich auch mit diagnostischer Medizin, Botanik und Kartografie und führte wissenschaftliche Experimente durch. Seine Abkehr vom Aristotelismus nahm moderne physikalische Vorstellungen vorweg: Trägheitsgesetz, Relativität der Bewegungen, Infinitesimalrechnung usw. Es muss verwundern, dass sich N. Cusanus bei all dem keiner gefährlichen oder ketzerischen Gedanken bewusst war. Dies legt die Vermutung nahe, dass das Mittelalter nicht so ausschließlich auf eine einzige Weltvorstellung festgelegt war, wie es uns heute scheint.

„Das Geheimnis der Wirklichkeit“ lautete die Thematik zu einem Seminar in der Evangelischen Akademie Arnoldshain /Taunus im Oktober 2007. Motto des ersten Vortrags von Prof. Dr. Fritz A. Krafft, Institut für Geschichte der Pharmazie, Philipps-Universität Marburg: *„Das Buch der Natur wird geöffnet. Kopernikus, Kepler, Bacon, Galilei, Descartes; Newton – wie der tiefe Graben entstand.“* In der Tat. Die oben dargelegte Entwicklung führte zum Grabenkrieg zwischen Glauben und Wissen.
Fragt man nach den Hintergründen der wissenschaftsfeindlichen Haltung der Kirche, lässt sich eine Antwort etwa wie folgt geben:

„Die (…) Religionen präsentieren endgültige Wahrheiten. Ihre Amtsträger sind selbst bei schwierigen Fragen selten im Zweifel. Allerdings, dass die Aussage so mancher Religion sich im Verlauf ihrer Geschichte geändert, dass so mancher Paradigmenwechsel stattgefunden hat, das müsste diesen Anspruch auf Endgültigkeit fragwürdig erscheinen lassen. Jedoch in der Perzeption der Amtsträger wird die heute verkündete ‚ewige' Wahrheit durch ihre geschichtliche Wandelbarkeit nicht relativiert, ein merkwürdiger Widerspruch."

Und an anderer Stelle betont Lindemann:

„Viele religiöse Wahrheiten wurden als Offenbarung empfangen. Wenn man aber fragt, woher wissen wir, dass jene besondere Aussage eine Offenbarung war, dann lautete die Antwort: es steht ja bei Paulus, oder: der Prophet hat es gesagt, oder: du musst es spüren. - Man kann diese Wahrheiten also nicht hinterfragen. Sie mögen zwar untereinander widersprüchlich erscheinen, sie bleiben in jedem Falle unbewiesen und sind doch gleichzeitig geschützt durch die höchste denkbare Autorität" (Bernd Lindemann, 2004).

Zu Beginn des Konklaves, aus dem er als Papst Benedikt XVI. herauskam, beklagte Kardinal Josef Ratzinger eine „Diktatur des Relativismus, die nichts als endgültig anerkennt", im Gegensatz zum „klaren Glauben, nach dem Credo der Kirche". In der Tat haben die Wissenschaftler in der Neuzeit das Gegenmodell geschaffen zu einer Weltsicht, nach der ein ‚Lehramt' ein für alle Mal die Wahrheit definiert.

Der Homo sapiens hat als eine seiner besten Eigenschaften das Bedürfnis entwickelt, seine Welt und seine Antriebe möglichst gut zu verstehen. Dabei gehen die Forscher davon aus, dass unser jeweiliges Weltbild durch neue Erfahrungen modifiziert wird, und der Mensch sich so der Wahrheit nähern kann, sie aber niemals besitzen wird. Das Weltbild von heute ist also nicht endgültig, neue Erkenntnisse können es relativieren und unter anderem die Grenzen beschreiben, innerhalb derer es zutrifft. Diese erkenntnistheoretische Errungenschaft der Aufklärung nunmehr von Seiten der Kirche als ‚beklagenswerte Diktatur des Relativismus' beurteilt zu sehen, ist für einen Wissenschaftler nicht nachvollziehbar.

Oder handelt es sich hier um die Frucht trickreicher Rhetorik? Benedikt XVI. gebraucht den Wahrheitsbegriff mit Formeln wie „Mut zur Wahrheit" gegenüber dem wissenschaftlichen Fragen der Moderne und der liberalen Gesellschaft ohne Differenzierung (Augsburger Rede, 2006). Er tut so, als seien „Wahrheit" im Sinne der Offenbarung und „Wahrheit" im Sinne der für Falsifikationen offenen kritischen Vernunft dasselbe. Man kann sich des Eindrucks nicht erwehren: dies ist trickreiche, um nicht zu sagen, dreiste Rhetorik. Das Schönste an der Naturwissenschaft ist, dass sie mir zeigt, was ich weiß und was ich nicht weiß. Sie kann uns mitteilen, was wir noch nicht wissen und damit die Wissenschaft insgesamt befördern. Denn die Wissenslücken sind der Treibstoff für die Wissenschaften. Diese Lücken bedeuten Offenheit und Transparenz. So ermöglicht der Evolutionsbegriff beispielsweise eine andauernde und ständige Weiterarbeit an dem, was wir wissen, ja, er ist die einzige Möglichkeit, Zukunft zu gestalten.

Lesch (2007) betont dazu: *„Es gibt Wissenschaften, die von Wissenslücken befördert werden, und es gibt Ideologien und Religionen, die sozusagen komplette lückenlose Weltbilder anbieten. Das kann nicht zusammen gehen. (...) nicht das Feste, Ewige von Parmenides ist das Richtige, sondern das Offene, sich entwickelnde panta rhei des Heraklit."*

Mit der Erfindung der Philosophie haben die Griechen eine neue Epoche der Menschheitsgeschichte eingeleitet. Das Denken befreite sich aus den Fesseln der Religion und gab sich selbst die Anweisungen zum rechten Gebrauch. Die Gesetze der Logik wurden ins Leben gerufen. Man erkannte: Denken ist Dialog und nicht Monolog. Es entwickelte sich die Disputierkunst, die Methode, eine Sache von allen Seiten zu betrachten. Die Dialektik war geboren. Etwa 600 vor unserer Zeitrechnung haben die sog. Vorsokratiker, unter ihnen Denker wie Thales, Empedokles oder Heraklit erstmals, wie schon angedeutet, sich nicht mehr auf den Mythos oder die Überlieferung verlassen, sondern in erster Linie auf ihren Verstand und sie versuchten herauszufinden, welche Gesetze den Naturprozessen zugrunde liegen, aus welchen Strukturen die Dinge bestehen, usw. Und sie kamen auf diese Weise allein durch Nachdenken zu Ergebnissen, die heute noch aktuell sind, so etwa die Atomtheorie von Demokrit.
Es versteht sich von selbst, dass diese Bemühungen nicht sofort zu perfektem Wissen geführt haben. Es handelt sich um die ersten Versuche, sich an die Wahrheit in kleinen Schritten heranzutasten, indem man auf der Basis des Vorhandenen zunehmend bessere Sichtweisen ins Spiel gebracht hat. Dies setzt die Bereitschaft voraus, alles Bisherige in Zweifel zu ziehen und die Dinge zu hinterfragen. Hinterfragbarkeit vorhandenen Wissens ist also die entscheidende geistige Leistung der Vorsokratiker. Die Notwendigkeit

des Hinterfragens gilt als zentrales Denkprinzip jedweder Wissenschaft bis zum heutigen Tage.

Thales war der erste, der sich über die Natur seine Gedanken machte. Er versuchte, ein Prinzip zu entdecken und aus diesem Prinzip heraus alles zu erklären. Er hat zunächst festgestellt, alles sei aus Wasser. Das Urprinzip aller Dinge sei Wasser. Wie kam er dazu? Wasser kommt in drei verschiedenen Zuständen vor, nämlich gasförmig als Wasserdampf, flüssig, oder wenn es kalt wird als Eis. Aus diesen drei Zuständen und der Veränderungsfähigkeit von Wasser schloss Thales Folgendes: Wenn Wasser sich so verwandeln kann, vom Eis zum Wasserdampf, und es bleibt doch immer gleich, es hat nur einen anderen Zustand, den ich mit meinen Sinnen wahrnehme, dann ist das eines der Urprinzipien schlechthin.

Anaximaniders beschäftigte sich mit der Luft. Heraklit machte das Feuer zum Prinzip. Feuer vermag geradezu alles zu verwandeln, so war es für ihn das entscheidende Element. Empedokles versuchte alles zusammenzubringen und fügte den Elementen noch ein viertes hinzu: die Erde. Diese vier Elemente stehen durch Liebe und Hass, also durch einander widerstrebende Kräfte (wie wir heute sagen), in Wechselwirkung zueinander. Wenn sie sich lieben, dann hängen sie zusammen, wenn sie sich hassen, dann stoßen sie sich ab. Je nachdem, wie das Verhältnis dieser Kräfte in einem Ding ist, wird dieses eben feuchter sein, also mehr dem Wasser zugetan, oder feuriger, mehr dem Feuer zugetan sein usw. Die Vorsokratiker sind also diejenigen, die etwas in die Welt gebracht haben, was es bis dahin nicht gegeben hat, nämlich den Versuch, die Natur ohne übernatürliche Gründe zu verstehen, das heißt ohne sich auf Götter zu berufen. Rund 2000 Jahre später hatte Galilei die brillante Idee, alle Aufmerksamkeit auf die Natur zu konzentrieren, sich wissenschaftlich also wohl mit Gottes Schöpfung, nicht aber mit dem Schöpfer selbst auseinanderzusetzen. Letzteres sollte weiterhin Sache der Theologie bleiben. Doch nicht nur das. Er schlug weiterhin vor, nur die in Experimenten quantifizierbaren Aspekte der Natur (Materie, Form, Bewegung usw.) zu erforschen. Außer Acht zu lassen habe man alle jene Eigenschaften, die sich bei kritischer Betrachtung als subjektiv, also als nicht objektivierbare Spiegelungen unserer Sinnesorgane zu erkennen geben. So erscheint z. B. ein zu einem Teil ins Wasser eingetauchter Stab dem Auge an der Grenzfläche von Luft und Wasser geknickt. Hier vermag der Tastsinn die optische Täuschung zu korrigieren, wer aber korrigiert den Tastsinn?

Unter optischer Täuschung versteht man die Verschiedenheit von realem Gegenstand und dessen optischer Wahrnehmung. Sie beruht auf einer falschen Beurteilung des vom Auge aufgenommenen Bildes durch das Gehirn, z. B. bei geometrischen Figuren oder bei Entfernungsschätzungen (bei klarem Wetter erscheinen Gegenstände kleiner als bei diesigem Wetter). Gegenstände werden in der Höhe im Vergleich zu ihrer Breite überschätzt. Das lässt sich übrigens stammesgeschichtlich erklären. Tauchte bei unseren in der Steppe lebenden Vorfahren am Horizont ein Raubtier auf, so war es ein Vorteil, es in überhöhter Größe wahrzunehmen, wozu das Gehirn in langer Adaptation die Befähigung erlangte. Diese Befähigung ist auch beim heutigen Menschen nachweisbar.

„Unglaubliche optische Täuschungen" heißt eine besonders gut gelungene Veröffentlichung über das Subjektive in unseren optischen Wahrnehmungen aus dem Jahre 2007, erschienen im Premio-Verlag. Am einfachen Beispiel des ins Wasser eingetauchten Stabes wird bereits ersichtlich, dass ein „naiver Realismus", wie man diese geistige Haltung bezeichnen kann, kaum in der Lage ist, die Realität objektiv zu beschreiben. An seine Stelle müssen, so hat es Galilei vorgeschlagen, Erwägungen und Überlegungen treten, in deren Mittelpunkt Phänomene der Sinnesphysiologie kritisch beleuchtet werden.

Ein Beispiel: Wir nennen eine Nahrung gesund, eine Frucht wohlschmeckend. Was heißt das? Ist die Gesundheit in der Nahrung, oder der Wohlgeschmack im Apfel? Offenbar nicht. Wohlgeschmack empfindet der, der den Apfel isst. In dem Apfel ist nur, wenn man so will, eine Eigenschaft, den Geschmack hervorzurufen. Der Zucker ist süß. Liegt hier die Sache anders? Nein, auch hier verhält es sich so, dass im Zucker nur eine Beschaffenheit ist, welche bewerkstelligt, dass man auf der Zunge einen süßen Geschmack hat. Viele Beispiele ließen sich noch anführen. Fazit: Man kann den Dingen stets nur die Fähigkeit zuschreiben, die Sinnesorgane so zu erregen, dass im Bewusstsein all diese Empfindungen entstehen. Dies trifft z. B. auch für den Schall zu. Schwingungen der Luft bestimmter Frequenzen werden erst im Gehirn zu dem, was wir als Töne empfinden, verarbeitet. Der Begriff „Glück" ist, wie der Begriff Süßigkeit, subjektiv, hat also keinen naturwissenschaftlichen Erklärungswert, was indessen nicht bedeutet, dass man sich mit diesem Phänomen subjektiven Empfindens nicht auch naturwissenschaftlich auseinandersetzen könnte. So wissen wir heute, dass in unserem Körper, insbesondere im Gehirn, ein ganzes Orchester von Hormonen unsere Gefühle steuert, was nicht dahingehend missverstanden werden darf, wir seien womöglich nichts als Marionetten von Botenstoffmolekülen. Hormone sind ein naturwissenschaftlicher Teilaspekt der spezifischen Emotion „Glück", nicht mehr und nicht weniger.

Mit dem menschlichen Innenleben und den Hormonen verhält es sich ähnlich wie mit einem Kunstwerk und den Materialien, aus dem es besteht. Die Fresken in der Sixtinischen Kapelle stellen unendlich viel mehr als die Farbpulver, die Michelangelo verwendete, dar. Aber ohne diese Pigmente hätte er seine Sicht des Kosmos nicht wiedergeben können. So drücken Glücksgefühle Systemeigenschaften unseres Gehirns aus, die wir in ihrer Herkunft und Komplexität noch nicht begriffen haben. Präzise heißt das: wir sind mehr als die Architektur unseres Gehirns, mehr als die Stoffe, die durch unsere Köpfe strömen. Doch ohne sie käme unser Seelenleben nicht zustande.

Wissenschaftlich untersucht hat Galilei u. a. die Bewegung von Körpern, indem er auf spektakuläre Weise das wissenschaftliche, bereits in der Antike entwickelte Verfahren der Induktion anwendete. Er ließ Kugeln und andere Körper frei fallen. Er wiederholte diese Experimente mit immer anderen Kugelmassen, Materialien, Fallstrecken usw. und prüfte durch die Versuchsprotokolle, welche allgemeinen Phänomene den Versuchsvorgängen gemeinsam waren. Er fand, dass stets die Geschwindigkeit in gleichen Zeiten um gleiche Beträge zunimmt, dass also die Beschleunigung konstant blieb. Dieser durch Galilei eingeleitete und von Philosophen wie John Locke (1632-1704) vorangetriebene Paradigmenwechsel ließ es notwendig erscheinen, die Naturwissenschaft als eigenständige Disziplin exakt zu definieren und festzulegen, welchen Denk- und Arbeitsmethoden sie sich (in strenger geistiger Askese) verpflichtet fühlen muss.

Galilei war ein gläubiger Christ. Es lag ihm fern, mit seinen Ideen Gott aus dem Weltgeschehen auszuklammern und so einem neuzeitlichen Nihilismus den Weg zu ebnen. Außerhalb des Labors steht dem Naturforscher alles offen. Es steht ihm frei, sich mit philosophischen Fragen zu befassen, sich künstlerisch zu betätigen, gläubig zu sein, sich zu einer Religion zu bekennen. Er ist wie jeder Mensch gehalten, zu den Fragen des Was, Wie und Woher auch die Frage des Wozu, die Frage nach dem Sinn des Seins ständig zu stellen. Hierbei ist er auf sich allein gestellt, denn die höchste Sinngebung ist immer eine persönliche Leistung, die die Wissenschaft dem Einzelmenschen nicht abnehmen kann.

Die oben aufgezeigten normativen Sachverhalte können nicht Forschungsobjekte der Naturwissenschaft sein. Mit anderen Worten: Die Gottesfrage kann nur im individuellen Bewusstsein eines jeden Menschen, sei er Wissenschaftler oder Künstler, auftreten. Sie stellt sich insofern als eine private Frage dar. Dieser Sachverhalt macht die Grenze zwischen Wissenschaft und den darüber hinausgehenden humanen Werten wie Glaube, Liebe, Hoffnung besonders deutlich. Zu Anfang des 19. Jahrhunderts bat Napoleon I. den berühmten Astronomen Laplace zu sich, um sich dessen neue Theorie zur Entstehung des Sonnensystems erklären zu lassen. Als der Gelehrte seinen Vortrag beendet hatte, erkundigte sich die Majestät danach, warum Gott in der Erklärung nicht vorgekommen sei. „Weil ich“, antwortete Laplace, „diese Theorie nicht nötig hatte“. Laplace ein Atheist? Vielleicht war er ein solcher, seine Antwort ist indessen dafür kein Beweis. Kein noch so frommer Wissenschaftler hätte eine andere Antwort geben können. Naturwissenschaft ist nämlich, wie dargelegt, der Versuch, bei der Erklärung der Welt (= Gottes Schöpfung) ohne Wunder auszukommen. Albert Einstein zeigt in faszinierender Weise, wie ein Wissenschaftler von höchstem Rang sich außerhalb seines Labors beispielsweise mit Fragen der Religion intensiv befasst, um sie u. a. als Motor für kreatives Schaffen zu nutzen. Von Einstein stammt der Spruch:

„Wissenschaft ohne Religion ist lahm, Religion ohne Wissenschaft ist blind“.

Und an anderer Stelle betont er:

„Das kosmische Erlebnis der Religion ist das stärkste Motiv naturwissenschaftlicher Forschung. Das tiefste Gefühl, dessen wir fähig sind, ist das Erlebnis des Mystischen. Aus ihm keimt wahre Wissenschaft. Wem dieses Gefühl fremd ist, und der sich nicht mehr wundern und in Ehrfurcht verlieren kann, der ist seelisch bereits tot. Das Wissen darum, dass das unerforschlich Weltliche existiert, und dass es sich als höchste Wahrheit und strahlendste Schönheit offenbart, von denen wir nur eine dumpfe Ahnung haben können, dieses Wissen und diese Ahnung sind der Kern aller wahren Religiosität. Meine Religion besteht in der demütigen Anbetung eines geistigen Wesens höchster Natur, das sich selbst in den kleinsten Einzelheiten kundtut, die wir mit unseren unzulänglichen Sinnen wahrzunehmen vermögen. Diese tiefe gefühlsmäßige Überzeugung von der Existenz einer höheren Denkkraft, die sich im unerforschlichen Weltall manifestiert, bildet den Inhalt meiner Gottesvorstellung.“

1929 nahm Albert Einstein zur Frage des Erfassens der Welt mittels unserer Ratio in einem Interview wie folgt Stellung:

„Wir befinden uns in der Lage eines kleinen Kindes, das in eine riesige Bibliothek eintritt, die mit vielen Büchern in verschiedenen Sprachen angefüllt ist. Das Kind weiß, dass jemand die Bücher geschrieben hat. Es weiß aber nicht, wie dies geschah. Es versteht die Sprachen nicht, in der sie geschrieben wurden. Das Kind erahnt dunkel eine mysteriöse Ordnung in der Zusammenstellung der Bücher, weiß aber nicht, was es ist. Das ist nach meiner Meinung die Einstellung auch des intelligentesten Menschen gegenüber Gott. Wir sehen ein Universum, das wunderbar zusammengesetzt ist und bestimmten Gesetzen gehorcht, aber diese Gesetze verstehen wir nur andeutungsweise. Unser begrenzter Verstand kann die mysteriösen Kräfte, welche die Konstellationen bewegen, nicht fassen.“ (Zitiert nach D. Brian: Einstein – a life. Wiley 1996, S. 186).

Karl-Josef Kuschel, Vizepräsident der Stiftung Weltethos in Tübingen, äußert sich zum Verhältnis zwischen Religion und Wissenschaft in der Sendung „Wissen“ des Südwestrundfunks vom 17. Mai 2007 in dem Vortrag *„Hat Gott eine Zukunft? – Die Rückkehr der Religion“* wie folgt:

„Die (...)Religion als Faktor von Weltpolitik und individueller Selbstfindung bedarf immer wieder neu der kritischen Durchleuchtung, ja Reinigung durch die Vernunft. Religion ist auf Religionskritik angewiesen. Religionskritik ist dann nicht länger Ersatz für Religion sondern Läuterungsinstrument der Religion. Religion wird davor bewahrt, zur totalitären Ideologie zu werden. - Umgekehrt bedarf die Vernunft der heilsamen Relativierung durch die Religion. Vernunftsgläubigkeit wird davor bewahrt, sich auf instrumentellen Rationalismus und zweckökonomischen Funktionalismus zu reduzieren.“

Fassen wir zusammen:

Die sich zu Beginn der Neuzeit vollziehende Trennung von Naturwissenschaft und Theologie zeigt, dass es wenig Sinn macht, Aussagen der Bibel und Aussagen der Wissenschaft kontrovers zu diskutieren, wie dies in unserer Zeit von den verschiedensten Medien (siehe z. B. DER SPIEGEL Nr. 52 vom 24.12.2005: „Gott gegen Darwin“), insbesondere aber von Fundamentalisten, hartnäckig betrieben wird. Hans Küng (2005) legt für die Sinnlosigkeit solcher Geisteshaltung sehr deutlich die Gründe dar:

„Die Bibel beschreibt keine naturwissenschaftlichen Fakten, sondern deutet sie, auch für unser gegenwärtiges menschliches Leben und Handeln. Beide Sprach- und Denkebenen sind immer sauber zu trennen, sollen die fatalen Missverständnisse der Vergangenheit auf beiden Seiten, der Wissenschaft wie der Theologie, vermieden werden. Wissenschaftliche und religiöse Sprache sind vergleichbar wie wissenschaftliche und poetische. Das heißt: Urknalltheorie und Schöpfungsglaube, Evolutionstheorie und Erschaffung des Menschen widersprechen sich nicht, sie sind aber auch nicht zu harmonisieren. (...) Nicht einen Kern des naturwissenschaftlich Beweisbaren hat unsere Bibelinterpretation herauszuarbeiten, sondern das für Glauben und Leben Unverzichtbare. Nicht die Existenz oder Überflüssigkeit Gottes hat die Naturwissenschaft zu beweisen. Vielmehr hat sie die physikalische Erklärbarkeit unseres Universums so weit wie ihr möglich voranzutreiben und zugleich Raum zu lassen für das physikalisch prinzipiell Unerklärbare. Davon redet die Bibel."

Die Bibel besingt die Schöpfung. In wunderbarer Poesie klingt im sog. Schöpfungspsalm das Lied oder Gebet vom Urgrund der Welt an:

Lobe den Herrn, meine Seele!
Herr, mein Gott, wie groß bist Du!
Licht ist Dein Kleid,
Du spannst den Himmel aus wie ein Zelt.
Du hast den Mond gemacht als Maß für die Zeiten,
die Sonne weiß, wann sie untergeht.
Da ist das Meer, so groß und weit,
darin ein Gewimmel ohne Zahl: kleine und große Tiere.
Sendest Du Deinen Geist aus, so werden sie alle erschaffen,
und Du erneuerst das Antlitz der Erde.

Die Bibel ist das älteste Buch, aber auch das aktuellste, das bekannteste, aber auch das am meisten verkannte. Seit Jahrtausenden nimmt die Bibel unter allen Büchern den ersten Rang ein. Kein Werk ist so oft übersetzt worden, keines bietet so viele Aussagen über das pralle Leben. Und keines weckt so viele Zweifel an der Richtigkeit der Deutung. Es gibt kein Buch, in dem Gott vielfältiger zur Sprache kommt. Die Bibel ist kein Buch im üblichen Sinne, sie ist eine kleine Bibliothek, die in einem Zeitraum von mehr als tausend Jahren entstanden ist. In ihr kristallisieren sich die Erfahrungen von Menschen mit Gott in den unterschiedlichsten Lebenssituationen. Darum ist sie eine unerschöpfliche Quelle für Menschen, die nach Orientierung suchen. Nicht nur im kirchlichen Bereich beruft man sich auf die Bibel. Unsere ganze Kultur ist geprägt von ihren Bildern, Symbolen, mythologischen Darstellungen und Geschichten. Dieses Buch ist es wert, ergründet und vom Ballast blindgläubiger Lehren entschlackt zu werden. Die Konrad Adenauer-Stiftung führte in Zusammenarbeit mit dem Haus der Geschichte in Bonn Ende des Jahres 2002 vier Vortragsveranstaltungen durch, in denen Themen behandelt wurden, die mit der Bibel und ihrer geistigen, kulturellen und politischen Wirkung verbunden waren. Das Spektrum reichte von der Prägung durch Bibel, Juden- und Christentum über Fragen der Globalisierung und weltweiten Gerechtigkeit bis zu dem Thema, wie biblisches Denken und biblische Sprache die Kreativität auch in der Literatur beflügelt. Die Vortragsreihe wurde begleitet von einer Bibelausstellung. Unter dem Titel: *„Die Bibel in der Welt"* konnte der Besucher Bibeln aus 400 Jahren betrachten. Auch die künstlerische Vielfalt, in der die Bibel präsentiert wurde, konnte besichtigt werden. Anschauliche Beispiele waren die von Chagall, Dali und Hundertwasser bebilderten Bibeln. Dem Bemühen, theologische Problemstellungen mit naturwissenschaftlichen Methoden angehen zu wollen, kann aus den oben dargelegten Gründen kein Erfolg beschieden sein. Denn wenn Gott als Parameter im Wissenschaftsbetrieb ausgeklammert ist, lassen sich über ihn beim besten Willen von Seiten der Naturwissenschaft keine Aussagen machen. Physiker des vergangenen Jahrhunderts haben dies immer wieder vergeblich versucht. Umgekehrt kann die Theologie mit ihrem geistigen Instrumentarium zum Verständnis der Naturvorgänge nichts oder nur wenig beitragen. Vielmehr ist es Sache der Theologie, Aussagen zu machen über Gott als Urgrund des Seins sowie über dessen erfahrbare Dimension in der Psyche des Menschen. In diesem Sinne kann z. B. auch die Fähigkeit des Menschen, „Transzendenz zu denken", nicht Gegenstand naturwissenschaftlicher Forschung sein; hierfür ist die Theologie zuständig.

Am 2. Juli 2007 war in der Saarbrücker Zeitung zu lesen (auch viele andere Medien haben darüber berichtet), dass die hessische Kultusministerin Karin Wolff vorgeschlagen habe, den Biologieunterricht um die Schöpfungserzählungen der Bibel zu erweitern. Dagegen wäre (ungeachtet der Frage, von welchen Beweggründen Frau Wolff geleitet wurde) nichts einzuwenden, wenn umgekehrt im Religionsunterricht die Evolutionstheorie sachkundig behandelt würde. Religions- und Biologielehrer könnten gemeinsam interessante Projekttage mit den Schülern gestalten, auf denen das naturwissenschaftliche und geistige Weltbild auf verschiedenen Ebenen zu erörtern wäre. Auf diese

Weise könnte den Jugendlichen die Erkenntnis vermittelt werden, dass die jeweiligen Sachverhalte weder kontrovers diskutiert werden können, noch miteinander vermischt werden dürfen. Das setzt allerdings voraus, dass die Lehrer auf beiden Seiten dort schon angelangt sind, wohin die Schüler noch geführt werden sollen.

Der Autor hält es für unverantwortlich, die Schüler weiterhin allein zu lassen mit der Vorstellung, man müsse sich zwischen dem Glauben an Gott und seine Schöpfung einerseits und dem „Glauben“ an die Evolution andererseits entscheiden. Mit dem hieraus resultierenden Konfliktpotenzial muss es ein Ende haben. Frau Wolff redet von „erstaunlichen Übereinstimmungen“ zwischen Darwin und Bibel, von „Erklärungsmustern“, die der Schöpfungsgeschichte „nicht widersprechen“. „Gott formte aus dem Ackerboden alle Tiere des Feldes“. Das ist großartige Metaphorik. Uns ist freigestellt, dies zu glauben. Nur im Bereich der Naturwissenschaften hat dieses „Erklärungsmuster“ nichts zu suchen.

Hubert Markl, emeritierter Professor für Biologie der Universität Konstanz, Präsident der Deutschen Forschungsgemeinschaft, der Berlin-Brandenburgischen Akademie der Wissenschaften und der Max Planck- Gesellschaft spricht von *„krausem Mischmasch“* (Süddeutsche Zeitung vom 24.07.2007). Er setzt indessen auf die staatlichen Institutionen, die im Geiste der Aufklärung sowohl die Freiheit des Glaubens als auch die der Wissenschaft schützen. Es mag ja, worauf Frau Wolff hinweist, einige interessante Parallelen geben. Die dürfen aber nicht dazu führen (verführen), Glauben und Wissenschaft in einen Topf zu werfen. Unter diesem Gesichtspunkt sollte man deshalb auch nicht von einer ‚Erweiterung‘ des Biologieunterrichts, wie umgekehrt von einer ‚Erweiterung‘ des Religionsunterrichtes sprechen, sondern von einer Ergänzung in beiden Fächern mit dem Ziel der Klarlegung der Unterschiede bezüglich der angesprochenen Sachverhalte. Wenn Gott gewollt hätte, dass wir Glauben und Wissen nicht voneinander trennen, hätte er uns nicht vom Baum der Erkenntnis essen lassen. Hans Küng hat die Kultusministerin in Schutz genommen (WELT@ ONLINE vom 09.07.2007). Wo die Wissenschaft an Grenzen stoße, müsse die Frage nach Gott (z. B. im Biologieunterricht) zulässig sein. Dem wird niemand widersprechen wollen. Nur ist das eine sehr einseitige Forderung. Und wenn, dann müssten möglichst alle Schöpfungsmythen dieser Welt im Biologieunterricht in Betracht gezogen werden. Die Bibel ist, wie gesagt, kein naturkundliches Buch. Die Naturwissenschaft kann aus den dargelegten Gründen keine Aussagen über den Glauben machen. Auf die Frage, warum Gott als Parameter in der Naturwissenschaft keine Rolle spielt, müsste im Unterricht (wie dies in dem vorliegenden Kapitel 4 ausführlich dargelegt wird) vorrangig eingegangen werden. Auch auf das oftmals anzutreffende Vorurteil, Naturforscher seien per definitionem Atheisten (Einstein war, wie die obigen Ausführungen zeigen, ein gläubiger Mensch) wäre zu entkräften. Umgekehrt müssten diejenigen unter den Naturwissenschaftlern, die die Frage nach Gott und seiner Schöpfung auf dogmatische Weise bedenkenlos als unsinnig ablehnen, energisch auf die Grenzen naturwissenschaftlicher Aussagemöglichkeiten hingewiesen werden. Der bekannte Biologe und Autor Richard Dawkins beispielsweise behauptet, dass man dank der Evolutionstheorie endlich „ein zutiefst befriedigter Atheist" sein könne. Dawkins missbraucht hier die Aussagekraft seiner Wissenschaft auf unredliche Weise und bringt lediglich eine persönliche Weltsicht zum Ausdruck.

In seinem neuesten Buch *„Der Gotteswahn"* zweifelt er die Existenz Gottes in vehementer Weise direkt an, und wiederum tut er dies mit den Mitteln der Naturwissenschaft. Damit erzürnt Dawkins auch Fachkollegen. *„Wissenschaft muss sich auf das begrenzen, was sie analysieren kann, sie darf nicht darüber hinausgehen"*, mahnt etwa Reinhold Leinfelder, Generaldirektor des Berliner Museums für Naturkunde. Rolf Spinnler (2007) betont in diesem Zusammenhang:

„Bestsellerautoren wie Jaques Monod (‚Zufall und Notwendigkeit', 1971), Richard Dawkins (‚Das egoistische Gen', 1978; ‚Der Gotteswahn', 2007) oder Daniel Dennet (‚Darwins gefährliches Erbe', 1997) verwandeln die Evolutionstheorie von einer wissenschaftlichen Hypothese mit begrenzter Reichweite in einen Universalschlüssel, der alle Welträtsel aufzulösen verspricht: die Entstehung des Universums und des Lebens, des menschlichen Geistes, der Kultur, der Moral und der Religion. Bei ihnen wird unter dem Deckmantel der Wissenschaft eine Weltanschauung propagiert. Genau diesen Etikettenschwindel muss man aufdecken und zurückweisen."

Richard Dawkins macht in der Johannes B. Kerner- Show (ZDF) vom 16.11.2007 die Frage nach Gott zur wichtigsten naturwissenschaftlichen Frage schlechthin. Hier liegt der Kern der Auseinandersetzung und die eigentliche Provokation des Dawkins-Bestsellers. Die Frage der Existenz Gottes sei mit naturwissenschaftlichen Methoden untersuchbar, so die unumstößliche Überzeugung. Ein Universum, in dem Gott existiert, sähe ganz anders aus, als das Universum, in dem wir leben. Und deshalb hält Dawkins die Existenz

Gottes für unwahrscheinlich. Sein vorrangiges Ziel sei es, die *Wahrheit* zu entschlüsseln. Sancta simplicitas! Das gelegentliche Herumschmökern in den Werken eines Herrn Popper könnte Herrn Dawkins nichts schaden. Oder er möge zu dem Büchlein von Norbert Hoerster greifen mit dem Titel *„Die Frage nach Gott"*. Lässt sich der Glaube an Gott rational begründen? lautet das Grundanliegen dieser lesenswerten Schrift, ein Grundanliegen, dem der Autor auf kompromisslose Weise gerecht zu werden versucht.

Abschließend sei Grundsätzliches angemerkt:

Die Kirche machte in der Vergangenheit ihre Glaubensinhalte an Schöpfungsmythen (Garten Eden, Adam und Eva usw.) fest, die unter naturwissenschaftlichen Gesichtspunkten auf Dauer nicht zu halten waren, d. h. sie wurden ihres vermeintlich realen Bezugs entkleidet. Die Kirche tut sich schwer damit, auf viele solcher Vorstellungen zu verzichten, die bislang als plausible Beweisketten der Glaubenswahrheit dienten. Es ist unverständlich, dass man sich heute noch in weiten Bereichen der Kirche modernen Naturerkenntnissen verschließt. Die von der Naturwissenschaft ermittelten Fakten und ihre Darlegung in Zusammenhängen lösen bei den erkenntnisoffenen Menschen zunehmendes Erstaunen aus und rufen höchste Bewunderung hervor. Wie Gott es auch angestellt haben mag, die Welt ist im Kleinsten wie im Größten von überwältigender Faszination. Wissen steht dem Glauben des aufgeklärten Menschen also nicht im Wege, im Gegenteil: Wissen kann ihn vertiefen. Der Augsburger Bischof Mixa glaubt nicht an die Evolutionstheorie. An diese soll man ja auch nicht glauben, sondern sich ernsthaft mit ihr auseinandersetzen. Das hat Papst Johannes Paul II. getan:

„Recht verstandener Schöpfungsglauben und recht verstandene Evolutionslehre stehen sich nicht im Wege. Evolution setzt Schöpfung voraus; Schöpfung stellt sich im Lichte der Evolution (…) als fortschreitende Schöpfung dar, indem Gott als der ‚Schöpfer des Himmels und der Erde' den Augen des Glaubens sichtbar wird."

Das Konzept der Evolution, das einen Paradigmenwechsel herbeiführte, wird hoffnungslos unterschätzt, wenn man es allein mit der Theorie Darwins identifiziert. Darwin war der große Pionier, der geniale Bahnbrecher, der dem Entwicklungsgedanken in einer bestimmten naturwissenschaftlichen Spezialdisziplin zur Anerkennung verhalf. Der Evolutionsbegriff aber ist längst nicht mehr auf den Bereich der Biologie beschränkt. Mehr und mehr zeigt sich, dass das Entwicklungsprinzip nicht nur für den Bereich der belebten Natur gilt. Es ist das umfassendste denkbare Prinzip überhaupt, da es den ganzen Kosmos einschließt. Jahrtausendelang haben die Menschen geglaubt, dass der Kosmos ein statisches Gebilde sei. Nach allem was wir heute wissen, ist das Universum selbst ein alle anderen Entwicklungen umgreifender historischer Prozess. Die biologische Evolution ist nur ein Ausschnitt aus diesem umfassenden Geschehen.

Gilt das Prinzip der Evolution für den Kosmos als Ganzes, so bedeutet dies, dass es für Spiralnebel, Sterne mit ihren Planeten, für den Erdmantel, Pflanzen, Tiere und Menschen, für das Verhalten und die höheren Fähigkeiten der Tiere gilt; es gilt aber auch für Sprachen und für die historischen Formen menschlichen Zusammenlebens und Wirkens, für Gesellschaften und Kulturen, für Glaubenssysteme und Wissenschaften. Auf den einzelnen Evolutionsebenen wirken unterschiedliche Faktoren und Gesetze. So spielen bei der Entwicklung eines Sterns ausschließlich physikalische Gesetze eine Rolle. Bei der Entstehung der Erdkruste waren wesentlich chemische Gesetze am Werke. Bei biologischen Systemen kommen weitere Prinzipien wie Mutation, Selektion, Anpassung usw. hinzu, ohne dass auch nur ein einziges physikalisches oder chemisches Gesetz außer Kraft gesetzt wird. Auf der Ebene kultureller Evolution sind wiederum spezifische Entwicklungsmechanismen wirksam, was nicht heißt, dass die biologische Entwicklung dort endet, wo die kulturelle Evolution einsetzt. Die Gesetze der biologischen Evolution behalten ihre Gültigkeit, d. h. es wirken bei der kulturellen Evolution des Menschen biologische und kulturelle Faktoren zusammen, mit anderen Worten: Die biologischen Gesetze werden ergänzt durch weitere Faktoren, wie sie in der nur dem Menschen zukommenden Wortsprache zu finden sind. Der Begriff der Evolution erlaubt uns, die unterschiedlichsten Sachverhalte auf einen Nenner zu bringen.

Der große Umfang und die ungeheure Komplexität wissenschaftlicher Erkenntnisse gehen mittlerweile ins Uferlose. Wie sind sie auf befriedigende Weise zu klassifizieren? Das ist das Geschenk Darwins: Durch seine Erkenntnisse, durch die Evolutionstheorie können wir unser Wissen strukturieren, alle Dinge in ihrem Werden zueinander in einen logischen Zusammenhang bringen und zu allen Fragen rational fassbare Antworten bekommen. Die hier dargestellten Seinsstufen erscheinen der Reihe nach zunehmend komplexer. An diesem Sachverhalt hat sich die Frage entzündet, ob sich komplexe Systeme durch ihre weniger komplexen Teilsysteme erklären lassen. Reduktionisten bejahen dies, andere sind der Meinung, dass Systeme nie ganz erklärbar durch ihre Teilsysteme sind, dass beispielsweise biologische Prozesse, so auch die besonders komplexen des Gehirns, nicht allein auf chemische und physikalische Vorgänge zurückführbar sind. Gewiss, diese spielen eine fundamentale Rolle, sind aber eben nur Teilaspekte von Phänomenen wie Geist und Bewusstsein. Im 7. Kapitel *„Freiheit"* wird zu diesen kontroversen Sichtweisen eingehender Stellung bezogen. Wer heute immer noch glaubt, es stände in seinem Belieben, das Prinzip der Evolution, diese geistesgeschichtliche Umwälzung anzuerkennen oder auch nicht, darf sich nicht beklagen, wenn er in die Isolation gerät. Wer sein Denken und seine Sprache von der zentralen geistigen Strömung seiner Zeit abkoppelt, riskiert, dass er zwar auf Grund „ererbter" Autorität auch weiterhin noch gehört, aber immer weniger verstanden wird.

5. Realität und Wirklichkeit

Es gibt die weit verbreitete Überzeugung, dass unsere Wahrnehmungen der Dinge diesen gleichen wie Kopien den Originalen.[1] Um uns, so die Ansicht, befinden und bewegen sich Körper, die bestimmte Eigenschaften haben: Ausdehnung, Undurchdringlichkeit, Gestalt, Farbe, Geruch, Geschmack usw. Alles dies sind, so ist man sich gewiss, absolute Eigenschaften, die sich durch unsere Sinne unserer Vorstellung gleichsam eindrücken. Indessen führt eine erwachende Reflexion zu allerlei Zweifeln. Die Sinne täuschen nämlich, wenigstens zuweilen und wir erkennen, dass es mit ihrer Hilfe kaum gelingt, die Realität objektiv zu beschreiben. Es müssen Erwägungen und Überlegungen ins Spiel gebracht werden, in deren Mittelpunkt Phänomene der Sinnesphysiologie kritisch beleuchtet werden. Mit anderen Worten: Wir müssen zwischen subjektiver und objektiver Welt unterscheiden. Beginnen wir mit den beiden Begriffen Realität und Wirklichkeit. Es mag zunächst verblüffen, dass zwischen diesen beiden Begriffen ein Unterschied bestehen soll. Oftmals wird Wirklichkeit als die deutsche Version von Realität gehalten. In der Tat besteht aber ein Unterschied. Realität meint (im Kantschen Sinne) das Sein an sich, die von uns unabhängige objektive Welt, zu der wir keinen unmittelbaren Zugang haben. Die Wirklichkeit dagegen ist subjektiv: die Gesamtheit aller Reize, Einflüsse, Faktoren, die von der Außenwelt auf ein Individuum wirken, welches sie mittels spezifischer Rezeptoren registriert und im Nervensystem zu einem Weltbild, genauer zu einem Inbild der Welt verarbeitet. In diesem Sinne hat jedes_Individuum seine spezifische Wirklichkeit, je nach seiner individuellen wie auch_stammesgeschichtlichen Entwicklung mal breiter, mal schmaler, in der Regel aber enger als die reale Welt, in der es sich befindet. Dieser Sachverhalt wird von vielen Menschen intuitiv erfasst, begrifflich aber nicht klar zum Ausdruck gebracht. So ist gelegentlich, selbst in wissenschaftlichen Abhandlungen, die Sprache von der ‚wirklichen' Wirklichkeit, wenn Realität gemeint ist.

Jedes Individuum hat also seine spezifische Wirklichkeit. Der Zufall spielt hierbei eine große Rolle. Bei Begegnung mit gleichen Sachverhalten können die das Mosaik der Wirklichkeit bestimmenden Faktoren unterschiedlich

[1] Der nachfolgende Absatz stammt aus dem vom Autor verfassten Buch „Evolution oder Schöpfung". Abgedruckt mit freundlicher Genehmigung des Invoco-Verlages.

sein. Zur Veranschaulichung hier das „Gleichnis von den Blinden und dem Elefanten“:

Einstmals lebte in Shravasti (in Nordindien) ein König, der seinem Diener gebot: Lasse alle Blindgeborenen der Stadt an einem Orte zusammenkommen. Als dies geschehen war, ließ er den Blindgeborenen einen Elefanten vorführen. Die einen ließ er den Kopf betasten, andere das Ohr oder den Stoßzahn, den Rüssel, den Rumpf, den Fuß, das Hinterteil, den Schwanz, die Schwanzhaare. Dann fragte er: „Wie ist ein Elefant beschaffen?“ Da sagten die, welche den Kopf betastet hatten, „er ist wie ein Topf“, die den Stoßzahn betastet hatten, „wie eine Pflugstange“, die den Rumpf betastet hatten „wie ein Speicher“, die den Fuß betastet hatten, „wie ein Pfeiler“, die das Hinterteil betastet hatten, „wie ein Mörser“, die den Schwanz betastet hatten „wie eine Mörserkeule“, die die Schwanzhaare betaste hatten, „wie ein Besen“.

Diese Parabel endet mit dem Hinweis, dass die Blinden mit dem Rufe: „Der Elefant ist so und nicht anders“ aufeinander einschlugen und überzeugt waren, dass die in ihnen entstandenen Eindrücke als die einzig wahren zu gelten hätten. Diese geradezu als genial zu bezeichnende Parabel zeigt sehr anschaulich, was alles erkenntnistheoretisch zu beachten ist, wenn wir Aussagen über die Realität machen. Die Parabel von den Blinden und dem Elefanten findet sich zuerst im buddhistischen Kanon (Udana 6,4). Buddha soll sie erzählt haben, um darzulegen, dass die Irrlehren seiner Zeit miteinander im Streit seien, weil sie nicht die volle Wahrheit erkennen, sondern nur einen Teil derselben. Die Geschichte ist in der Folgezeit in Indien häufig wiedererzählt worden, so von den Shivaiten, von den Jainas, von Ramakrishna; sie steht heute in indischen Schulbüchern und ist auch von persischen Sufis ihren Zwecken angepasst worden.

Kernaussage der Parabel: Der Mensch ist wegen seiner natürlichen „Blindheit“, d. h. wegen der unzulänglichen Beschaffenheit seines Erkenntnisvermögens, a priori außerstande, den tatsächlichen Sachverhalt zu erfassen. Das trifft für unsere Wirklichkeit sowohl im Grundsätzlichen als auch in ihren Teilbereichen zu.

Wie steht es mit dem Verhältnis zwischen Realität und Wirklichkeit unter stammesgeschichtlichen Gesichtspunkten?

Der Mensch mit Geist und Bewusstsein dürfte eine der Realität nähere Wirklichkeit als etwa eine Ameise besitzen, und diese wiederum eine der Realität nähere Wirklichkeit als eine Amöbe. Führt man sich allerdings vor Augen, welcher Reichtum verschiedener Spektralfarben in unserer Wirklichkeit, zum Beispiel der nüchternen Realität elektromagnetischer Schwingungen, gegenübersteht, könnte man geneigt sein, von einer reicheren Innen- als Außenwelt zu sprechen. Damit nicht genug: unser Gehirn fügt seiner Abbildung der Welt auch ganz fundamentale Kategorien von sich aus hinzu, die wir dann zu Unrecht für spezifische Eigenschaften der Realität selbst halten. Dazu gehören (wie Immanuel Kant herausfand) die Zeit und die uns selbstverständlich erscheinende dreidimensionale Struktur des Raumes.

Die Wirklichkeit ist nicht beschränkt auf die sinnesphysiologische Wahrnehmung der Dinge um uns herum; nach dem Philosophen Karl Popper

Welt Eins (Inwelt Eins), sondern es gehören zu ihr in

Welt Zwei (Inwelt Zwei) alle subjektiven Erlebnisse, Hoffnungen, Ängste, die Welt unserer Gedanken, der Erfahrungen, der Träume, der Visionen, der Virtualität, die Welt, die auftaucht, wenn wir ein Buch lesen, usw. Alle diese Sachverhalte sind Funktionen des Gehirns, komplexe Bausteine unserer menschspezifischen Wirklichkeit.

Welt Drei (Inwelt Drei) schließlich stellt die Welt der Theorien dar, also besonders komplexe Konstrukte unserer Wirklichkeit. In Welt Drei spielen bewusstes Sprechen und Werkzeugverhalten eine entscheidende Rolle. Aus der menschlichen Sprache insbesondere hat sich die menschliche Kultur entwickelt, und so sind Symphonien, Bücher und Bilder entstanden. Welt Drei ist die Welt der Wissenschaft, in der Wissen entworfen, verworfen, weitergegeben und infolge fortschreitender Erkenntnisse ständig abgewandelt wird, was beim Menschen neben einer biologischen zu einer kulturellen Anpassung führt.
So plausibel die Erkenntnisse Poppers auch sein mögen, sehr schnell stößt unser Vorstellungsvermögen an Grenzen, wenn man bedenkt, dass jede an ein Individuum gebundene Wirklichkeit für den äußeren Betrachter wiederum Bestandteil der objektiven (realen) Welt ist, was zu dem Phänomen führt, dass beispielsweise die Evolution als objektives Geschehen durch einen Wandel eigener Art überlagert wird, nämlich durch den Wandel, den auch die

Subjekt gebundenen Wirklichkeiten infolge der phylogenetischen Erweiterung ihrer Erkenntnishorizonte erfahren.
Konrad Lorenz ist schon in jungen Jahren der Frage nachgegangen, welche Wechselwirkung zwischen äußerer Realität und erkennendem Menschen besteht. Er sieht in dieser Frage nicht nur die erkenntnistheoretische Voraussetzung aller Erfahrung, sondern ein Wirkungssystem zwischen den denkenden, erkennenden Subjekten und den Objekten einer real gegebenen Außenwelt. Aber beim Schaffen eines Inbildes der Außenwelt sind immer auch Zustände im erkennenden Subjekt im Spiel. Unser Bild der objektiven Außenwelt entsteht, wenn sie wissenschaftlich fassbar und verstehbar werden soll, gleichsam schrittweise, indem wir die subjektiven Voraussetzungen allen Erkennens durchschauen und beim Verstehen der Außenwelt auszuschalten versuchen. Um zu allgemein gültigen Urteilen zu gelangen bedürfen wir unerlässlich naturwissenschaftlicher Einsichten in die kognitiven Vorgänge in uns selbst.
Die subjektive Wirklichkeit reicht nach dem bisher Gesagten nur annähernd an die objektive Realität heran. Hier gilt das Prinzip der Zulänglichkeit. Das Weltbild eines jeden Lebewesens ist so beschaffen, dass es das Überleben seines Trägers in hinreichender Weise ermöglicht. Es ist somit mal mehr, mal weniger mit realitätsrelevanten Parametern, wie z. B. Orientierung, Ernährung und Fortpflanzung, ausgestattet.
Erinnert sei hier an *Eugen Roths Tierleben für jung und alt*, in dem auch die Beuteltiere in geistreichen Versen beschrieben sind:

„Wir bringen erst das Schnabeltier;
Es ist das reinste Fabeltier –
Denn was von Ente, Hamster, Biber
Dem lieben Gotte blieb noch über,
Hat er zusammen hier gesetzt
Und musste lachen selbst zuletzt:
Es ward ein Tier, ein schlecht gefügtes,
Doch für Australien genügt es (...)“.

Wie extrem arm eine Wirklichkeit und dennoch ausreichend zum Überleben sein kann, lässt sich am Beispiel einer Blut saugenden Milbe, der Zecke, eindrucksvoll demonstrieren. Das Leben einer Zecke ist kompliziert und risikoreich. Das begattete Weibchen bedarf des Blutes eines Warmblüters zur Aus-

reifung seiner Eier. Die Art und Weise, in der dieses zum Überleben notwendige Ziel erreicht wird, ist ebenso erstaunlich wie lehrreich. Als erstes erklettert das winzige Tier einen Busch oder Gräser. Seinen Weg dorthin findet es mit Hilfe des Lichts. Es hat zwar keine Augen, sondern nur einen diffusen Lichtsinn der Haut – aber das genügt. An Ort und Stelle angelangt, tritt das Programm „Abwarten" in Aktion. Es kann nur durch ein einziges Signal abgebrochen werden: durch den Geruch von Buttersäure, wie ihn die Schweißdrüsen eines Warmblüters produzieren. Die Zecke muss jetzt ausharren können, bis der Zufall ein warmblütiges Tier so exakt unter ihrem Wirtsplatz vorbeiziehen lässt, dass sie sich in dessen Fell herabfallen lassen kann. Zecken können in dieser Situation mindestens achtzehn Jahre lang warten. In dieser ganzen Zeit verharrt das Tier in absoluter Regungslosigkeit. Es nimmt keine Nahrung zu sich. Erst dann, wenn der Geruch von Buttersäure die Milbe erreicht, erwacht sie aus ihrer Starre, um sich blitzschnell fallen zu lassen. Spürt sie im nächsten Augenblick Wärme, dann tastet sie, bis sie eine haarfreie Stelle findet, in die sie sich einbohrt. Damit hat sich ihr Lebenszweck erfüllt. Einige Zeit später fällt sie, mit Blut voll gesaugt ab, legt ihre Eier und stirbt.
Die ganze reiche, die Zecke umgebende Welt schnurrt zusammen und verwandelt sich in eine ärmliches Gebilde, eben die Wirklichkeit des Tieres, aus Lichtsinn, Buttersäuregeruchsreiz, Wärmeempfinden und Ertasten einer haarfreien Hautstelle. Verblüffend ist nun die Erkenntnis, dass das gegenüber einer Zecke ohne Zweifel sehr viel reichhaltigere Weltbild der Menschen, das aber eben auch noch mehr oder weniger unvollkommen ist, bei den meisten Menschen stets den Eindruck innerer Geschlossenheit suggeriert. Dieser zunächst vielleicht paradox klingende Sachverhalt hat psychologische Ursachen.

„Das Wenige, was man weiß, tendiert immer dazu, sich nahtlos aneinander zu fügen. Und ganz so wie beim ‚blinden Fleck' der Wahrnehmungsphysiologie (…) verschwinden dabei die Lücken aus dem Erleben" (H. von Ditfurth, 1973).

Hier setzen die Bemühungen jedweder Wissenschaft an, vorhandene Wissenslücken überhaupt erst mal zu erkennen, d. h. ihrer bewusst zu werden, um sie mit erarbeitetem Wissen auszufüllen und somit Wirklichkeit und Realität einander näher zu bringen. Eine Aufgabe der Wissenschaft besteht auch darin, die in Mythen gewachsenen Anthropomorphismen (Vermenschlichungen) fortschreitend zu überwinden. Die Sonne wird nicht mehr als ein in einem Wagen fahrender Gott vorgestellt, Blitze zucken nicht mehr aus Donars Hammer usw. Was ist unter einem ‚Blinden Fleck' zu verstehen? Bekanntlich laufen wir alle - jeder einzelne von uns – mit einem „Loch“ in unserem Gesichtsfeld herum. Es handelt sich um die (nicht Licht empfindliche) Eintrittsstelle des Sehnervs in der Netzhaut. Die Besonderheit des schwarzen Loches besteht darin, dass wir es normalerweise überhaupt nicht wahrnehmen. Es bedarf eines kleinen Tricks dazu, dieses Loch nachzuweisen und es uns bewusst zu machen. Dieser relativ banale wahrnehmungspysiologische Sachverhalt stellt ein Phänomen dar, dem grundsätzliche Bedeutung zukommt. Er ist der Beweis dafür, dass in der Realität Dinge existieren, die wir nicht wahrnehmen. Wir sehen hier die in einem anderen Zusammenhang dargestellte Tatsache bestätigt, dass die Realität nicht identisch ist mit dem, was wir erleben.

Diesen blinden Fleck gibt es auch in der Forschung und es gibt ihn auch bei jener Weise des Sehens im übertragenen Sinne, die wir meinen, wenn wir von einer bestimmten Weltansicht oder von einem bestimmten naturwissenschaftlichen Weltbild sprechen. Diesen Sachverhalt bezeichnet die Wissenschaft als Paradigma.

Paradigma heißt wörtlich übersetzt Beispiel oder Muster im Sinne von Schablone, nach der andere Stücke gearbeitet werden. Darunter ist ein begrifflicher Rahmen zu verstehen, den eine Gemeinschaft von Wissenschaftlern gemeinsam hat und der ihnen ein Modell für ihre Probleme und Lösungen vorgibt.

Im 17. Jahrhundert gab es in der Physiologie zwei gegnerische Lager. Auf der einen Seite standen die Jünger von Paracelsus, die sich selbst „Iatrochemiker“ (vom griechischen iatros = Arzt) nannten und glaubten, man könne physiologische Funktionen mit chemischen Begriffen erklären. Auf der anderen Seite standen die sog. „Iatromechanisten“, die kartesianischer Auffassung waren und meinten, alle körperlichen Funktionen mit mechanischen Prinzipien erklären zu können. Die Mechanisten waren in der Überzahl. Sie konstruierten immer wieder mechanische Modelle, die sich oft als falscher erwiesen, sich aber in das Paradigma einfügten, das das wissenschaftliche Denken im 17. Jahrhundert beherrschte.

Diese Situation änderte sich im 18. Jahrhundert, in dem eine Reihe bedeutender Entdeckungen in der Chemie gemacht wurden, darunter die Entdeckung des Sauerstoffs und Antoine Lavoirsiers Formulierung der modernen Verbrennungstheorie. Lavoisier wies auch nach, dass die Atmung eine besondere

Form der Oxydation ist, und bestätigte damit die Bedeutung chemischer Prozesse für das Funktionieren lebender Organismen.

Gegen Ende des 18. Jahrhunderts wurde der Physiologie ein weiterer Aspekt hinzugefügt, als Luigi Galvani nachwies, dass die Übermittlung von Nervenimpulsen mit einem elektrischen Strom zusammenhing. Diese Entdeckung veranlasste Allessandro Volta, sich mit dem Studium der Elektrizität zu befassen, und wurde so zur Quelle zweier neuer Wissenschaften, der Neurophysiologie und der Elektrodynamik.

Alle diese Entdeckungen führten die Physiologie auf eine neue Ebene und zeigten ihre Kompliziertheit auf. Die vereinfachenden mechanischen Modelle lebender Organismen wurden so gut wie vollständig aufgegeben; es hatte ein Paradigmenwechsel stattgefunden.

In der Neuzeit hatten vornehmlich die Paradigmen der Wissenschaft die jeweiligen Weltbilder bestimmt. Sie fanden in ihnen den stark vereinfachten, für den alltäglichen Gebrauch hergerichteten Niederschlag, Nährboden zeitgenössischen Denkens. Unter dieser Sicht bedeutet Paradigmenwechsel unter Umständen die Umkrempelung einer ganzen Zeit, eine geistige Revolution.

Dergleichen bewirkte Nikolaus Kopernikus zu Beginn der Neuzeit: er brachte das geozentrische Weltbild von Ptolemäus und der Bibel zu Fall, das über 1000 Jahre lang als Dogma akzeptiert worden war. Nach Kopernikus war die Erde nicht mehr Mittelpunkt des Universums, sondern nur einer von vielen Planeten, die um einen kleinen Fixstern am Rande der Galaxie kreisten, und der Mensch wurde seiner Position als zentrale Figur der göttlichen Schöpfung beraubt. Kopernikus war sich durchaus dessen bewusst, dass seine Anschauungen das religiöse Bewusstsein seiner Zeit zutiefst verletzen würde. Deshalb verzögerte er ihre Veröffentlichung bis kurz vor seinem Tod im Jahre 1543.

Ähnliche Skrupel hatte Charles Darwin, den Freunde dazu drängen mussten, sein Monumentalwerk *„Die Entstehung der Arten durch natürliche Zuchtwahl“* zu veröffentlichen, in dem er eine überwältigende Anzahl von Beweisen für die biologische Evolution vorlegte. Deren Entdeckung zwang die Wissenschaftler zur Aufgabe der kartesianischen Auffassung von Kosmos und Lebewesen als Maschinen, die fix und fertig aus der Hand des Schöpfers hervorgegangen sind. Stattdessen musste man jetzt das gesamte Universum als ein sich entwickelndes und ständig sich änderndes System beschreiben, in dem sich komplexere Strukturen aus einfacheren bilden. Auch dieses ein Paradigmenwechsel.

Andere Geistesgrößen, die jeweils Paradigmenwechsel eingeleitet haben, seien hier nur genannt: Johannes Kepler, Isaak Newton, Immanuel Kant, Gregor Mendel, Max Planck, Albert Einstein, Sigmund Freud, Konrad Lorenz, Niels Bohr, Werner Heisenberg, Erwin Schrödinger.

Die dargestellten Beispiele zeigen, dass auch unser heutiges Weltbild sich aller Wahrscheinlichkeit nach als ein nur vorläufiges Denkmuster erweisen wird. Alle bisherigen Paradigmen hatten ihre Vorläufer, alle noch kommenden werden ihre Nachfolger haben.

Im Folgenden wird der Versuch unternommen zu zeigen, dass wir uns zur Kennzeichnung der Undeterminiertheit als Voraussetzung menschlicher Freiheit nicht nur unbedingt auf die Heisenbergsche Unbestimmtheitsrelation berufen müssen. Mangel an Determination zur Basis jedweden Freiheitsverständnisses zu machen, stellt keine befriedigende Lösung dar. Es sei nochmals an Leibniz erinnert, der der Auffassung war, dass Freiheit innerhalb einer gesetzmäßig verfassten Welt nur zu „retten“ sei, wenn sie als eine besondere Qualität der Determination unserer Handlungen, nicht aber als Ausfall von Determination begriffen würde.

6. Kausalität und lebende Systeme

In der unbelebten Natur sehen wir das Wirken von Naturgesetzen und das Prinzip der Kausalität in chemisch-physikalischen Elementarvorgängen. Unter Kausalität (lat. *causa*, der Grund)) versteht man den gesetzlichen Zusammenhang zwischen zwei aufeinander folgenden Ereignissen, von denen das eine (frühere) die Ursache und das andere (spätere) die Wirkung genannt wird. Nach dem Kausalitätsprinzip kann es keine Wirkung ohne Ursache geben. Der Gedanke strenger Kausalität setzt die genaueste Kenntnis der Ursache voraus, aus welcher die Wirkung erschlossen werden soll. Die genaue Kenntnis dieser Ursache scheitert aber sowohl an praktischen, experimentellen Gegebenheiten als auch an (möglicherweise prinzipiellen) Einschränkungen durch die aus der Quantenmechanik bekannte, oben schon erörterte, Unbestimmtheitsrelation.

Wird dadurch der Geltungsbereich der Kausalität eingeschränkt, wie viele Physiker meinen? Dieses Problem ist nicht gelöst. Einer Lösung näher zu kommen, wird auch erschwert durch den Umstand, dass Ursachen sich realiter nicht wiederholen. Sie können gleich, aber nicht identisch sein. Erkenntnistheoretisch hat dies enorme Konsequenzen. Darauf wird später noch näher einzugehen sein.

So ist auch die Frage nach der Ursache des Größten in der Welt, des Universums, nicht gelöst. Philosophen haben die Frage aufgeworfen: Was ist die Ursache dafür, dass nicht Nichts ist, sondern das Universum sich in seine Existenz geworfen hat? Der Mensch in seiner heutigen Beschaffenheit dürfte darauf wohl so schnell keine Antwort bekommen.

Ungeachtet solcher Gedankengänge in den Grenzbereichen der dinglichen Welt werden in lebenden Systemen, also auch im Menschen, bestimmte Vorgänge, etwa Verhaltensweisen, nicht durch nervenphysiologische Elementarvorgänge bestimmt, sondern durch die Verschaltung von komplexen Systemen aus neuronalen Elementen. Daran ändert auch nichts unser Wissen über das Zustandekommen solcher komplexen Systeme, die das Produkt zufallsbedingter Erbänderungen und Richtung gebender Auslese im Rahmen sich ständig wiederholender Überlebensstrategien in der Generationenabfolge sind. Die Entwicklungsverläufe sind im Sinne von Popper und anderen offen.

Wir wissen heute (nicht zuletzt aus der Computertechnik), dass für die Verlaufsrichtung von Systemvorgängen ganz allgemein nicht die naturgesetzlichen Elementarvorgänge bindend sind. Zuständig ist vielmehr ihre Verschaltung im Rahmen der unterschiedlichsten Programme. Die Verschaltung kann, wie noch zu zeigen sein wird, ganz andere Formalismen als die der naturgesetzlich fassbaren Vorgänge auf der chemo-physikalischen Ebene wiedergeben. Die Elementarvorgänge gewährleisten nur die Zuverlässigkeit in den Systemvorgängen. Mit anderen Worten: Naturgesetze beherrschen das natürliche Geschehen, bestimmen es aber nicht.

Nach traditionellem Verständnis gehört zur Willensfreiheit die Möglichkeit, zwischen Alternativen zu wählen. Nun könnte man einwenden, wenn man einen einfachen Auswahlversuch durchführt, dass zwar der Proband ausgewählt hat, aber nicht frei, da seine spezifische Verfassung, Befindlichkeit und sein Motivationszustand eben genau dieses Auswahlergebnis determiniert hat. Grundsätzlich bestünde kein Unterschied zum Verhalten eines Pantoffeltierchens, dessen Schwimmverhalten vor einem Hindernis das Ergebnis vergleichbarer verhaltensphysiologischer Parameter ist, die auf verblüffende Weise dem einzelligen Pantoffeltierchen das Überleben sichern.

Der System-Begriff bedarf der näheren Betrachtung. Immer wieder wird die Frage diskutiert, ob zum Beispiel evolutionäre Veränderungen lediglich nur quantitative Unterschiede zu Vorausgegangenem darstellen, oder ob es echte (bisher nicht erklärbare) Entwicklungssprünge gibt, die zu qualitativ neuen Phänomenen führen. Einen derartigen qualitativen Sprung könnte man im Übergang von einfachen, determinierten zu komplexeren (mit Entscheidungsfreiheit ausgestatteten) Systemen sehen.

Beide Standpunkte kommen, im Extrem vertreten, dem tatsächlichen Geschehen kaum nahe. Für Physiker, Chemiker, Biologen, Kybernetiker, Systemtheoretiker ist nämlich das Auftreten völlig neuer Systemeigenschaften durch die Vereinigung von Untersystemen etwas ganz Natürliches. Elektron und Proton sind geladene Elementarteilchen: Zusammen bilden sie ein neutrales Atom (Wasserstoff). Die Gase Sauerstoff und Wasserstoff verbinden sich zu der Flüssigkeit Wasser. Kohlenstoff C und Stickstoff N sind harmlose Stoffe, Cyan C2N2 ist hochgiftig. Ein Stromkreis mit einer Spule und einem Kondensator ergeben zusammengeschaltet etwas völlig Neues, einen Schwingkreis. Die Eigenschaften eines Systems können sich also wesentlich (qualitativ) von denen seiner Teile unterscheiden. Diese Tatsache ist für einige der wichtigsten zurzeit diskutierten Probleme relevant: für die Frage der

Entstehung des Lebens, für das Reduktionsproblem (Rückführbarkeit etwa der Biologie auf Physik und Chemie), für die Evolution von Bewusstsein und Sprache oder auch für psychosoziale Probleme. Leben, Bewusstsein, Erkenntnisfähigkeit sind nämlich Systemeigenschaften und nur als solche verständlich.

Die Qualität des spezifisch Menschlichen ist nach K. Lorenz (1973) durch eine Synthese zwischen Raumvorstellung, Greifhand, Aufrichtung, Neugierverhalten und Sprachentwicklung entstanden. Leben selbst ist eine spezifische Systemgesetzlichkeit, die in keiner seiner physikalisch-chemischen Eigenschaften allein enthalten ist.

Lorenz verwendet für das Auftreten neuer Systemeigenschaften den scholastischen Begriff Fulguration (lat. *fulgor*, der Blitz). Er soll daran erinnern, dass in Blitzesschnelle schlagartig etwas Neues auftritt, das vorher nicht, auch nicht in Ansätzen, vorhanden war. Der Philosoph Popper spricht von Emergenz, also vom „Auftauchen“ von etwas Neuem, bereits Fertigem, was mit Blick auf die plötzliche Entstehung komplexer Systeme aus weniger komplexen nach Lorenz gerade nicht der Fall ist.

Bekanntlich kann man einen Computer, dessen Elementarfunktionen bestimmte mathematische oder logische Operationen sind, sogar so programmieren, dass er Schach spielen kann. Das heißt, die Schaltmöglichkeiten eines Computers erlauben es, alle Regeln des Schachspiels unter Berücksichtigung der Parameter König, Dame, Turm, Springer usw., im Programm „abzubilden“. Der Apparat verhält sich hinsichtlich Datenverarbeitung, Datenausgabe und Dateneingabe prinzipiell wie ein menschlicher Schachspieler. Er befolgt Regeln.

Führt man sich vor Augen, dass man sich Regeln willkürlich ausdenken, durch Konventionen festlegen kann, so wird ersichtlich, dass Regeln ganz anderer Art als Kausalgesetze oder sonstige Naturgesetze sein können. Der Apparat befolgt auch die noch so willkürlich ausgedachte Regel und verwirklicht sie mit Hilfe physikalisch-technischer Elementarvorgänge. Auch bewusst einprogrammierte Rechenfehler führt der Computer mit aller Zuverlässigkeit durch, obwohl es sich dabei ja zweifelsfrei um Verstöße gegen Mathematik und Logik handelt. Kurzum: In einem strukturierten System gehorchen die Einzelprozesse naturwissenschaftlichen Gesetzen und sind somit determiniert, die nach Funktionsregeln ablaufenden Systemprozesse sind in diesem strengen Sinne nicht determiniert. Mit anderen Worten: Es müssen in einem strukturierten System die Vorgänge nicht die Verknüpfungsgesetze der einzelnen Bauelemente widerspiegeln. Entsprechendes gilt für Systeme aus Nervenzellen, die (über Synapsen miteinander verbunden) als Nervennetze fungieren. Auch hier ist festzuhalten, dass wohl die (physiologisch fassbaren) Einzelprozesse in ihrem Ablauf festgelegt sind, was aber für die Funktionsregeln nicht zuzutreffen braucht, gleichgültig, ob sie durch angeborene Verschaltung oder durch Lernen einprogrammiert worden sind. Es kann also a priori offen gelassen werden, ob einprogrammierte Regeln determiniert sind oder nicht. Jedenfalls bedeutet die Determiniertheit der Elemente keine Einschränkung für die Beschaffenheit der Programme in der Systemebene, sie gewährleistet (wie gesagt) lediglich die Zuverlässigkeit der Abläufe. Man könnte nun einwenden, dass unser Gehirn mit einem spezifischen Bewusstsein, einem Selbstbewusstsein ausgestattet ist, was Computern (zumindest der heutigen Generation) nicht zu eigen ist. Gelten auch unter diesen Umständen die getroffenen Feststellungen? Die Frage ist zu bejahen, denn in der Hierarchie verschiedenster Systemebenen rangiert die des Selbstbewusstseins an höchster Stelle; und die in den Naturgesetzen verankerte Determiniertheit dürfte infolgedessen bei geistigen Aktivitäten eine vergleichsweise geringe Rolle spielen.

Freier Wille, eine Illusion?

Erhellend für diese Frage sind die Ausführungen von Joachim Paul (2004), die die dargestellten Sachverhalte um wesentliche Aspekte erweitern und begründen. Es handelt sich um Eindrücke vom Kongress „Neuro 2004: Hirnforschung für die Zukunft" des Wissenschaftszentrums NRW am 17. November 2004.

Julian Nida-Rümelin vom Geschwister-Scholl-Innstitut für politische Wissenschaft der LMU in München führte über ein Koreferat in das Symposium ein, an dem der Psychiater Norbert Leygraf, der Hirnforscher Karl Zilles, der Strafrechtler Björn Burkhart und Wolfgang Prinz vom Max-Planck-Institut für Kognitions- und Neurowissenschaften teilnahmen. Als kompetenter Moderator fungierte Carsten Könneker von der Zeitschrift Gehirn und Geist.

Joachim Paul: *„Als Ausgangspunkt für die Diskussion um den freien Willen werden immer wieder die Experimente von Benjamin Libet 1979 herangezogen, bei denen der Neurophysiologe das sog. Bereitschaftspotential des Gehirns entdeckte, das seiner Interpre-*

tation zufolge einer bewussten Entscheidung für eine Handlung, z. B. dem Krümmen eines Fingers, zeitlich vorausgeht. Einige Hirnforscher folgerten daraus, dass der freie Wille nur eine menschliche Illusion ist, die sich für uns als nützlich erwiesen hat. Hierdurch wurde eine erneute Debatte um die Existenz menschlicher Willensfreiheit ausgelöst, in der sich Philosophen, Neurowissenschaftler, Psychologen, Theologen und Rechtswissenschaftler darüber streiten, ob der freie Wille des Menschen durch seine hirnphysiologischen Bedingungen vollständig festgelegt ist, oder ob der Mensch sich letztlich doch frei entscheiden kann.“

Julian Nida-Rümelin: *„Die Mehrzahl der Philosophen, die sich mit dieser Thematik im Zwanzigsten Jahrhundert auseinandergesetzt haben, versuchten menschliche Freiheit so zu bestimmen, dass sie sich nahtlos in ein Weltbild einfügt, das von einer deterministischen und kausalistisch verstandenen Naturwissenschaft geprägt ist.“*

Joachim Paul: *„Gotthard Günthers 1971 erstmals erschienener Essay 'Erkennen und Wollen' (…) umreißt ganz klar, dass die heutige Diskussion einem Scheinproblem nachjagt, welches dadurch entsteht, dass man in der Forschung die Reduktion des Problems auf den Methodenkanon der mit leblosen Objekten befassten Naturwissenschaften Physik und Chemie verdrängt. Dieser Methodenkanon allerdings lässt einen lebenden Systemen zukommenden Selbstbezug nicht zu. Die Diskussion ist damit als Scheindiskussion demaskiert.“*

Gotthard Günther (1914 – 1984), deutscher Philosoph und Logiker, wird von Joachim Paul wie folgt zitiert: *„Solange man das Leben als übernatürlich ansieht, beschäftigt sich der Naturwissenschaftler mit einem grundsätzlich subjektlosen Universum. Und genau dieselben rationalen Methoden, welche die abendländische Wissenschaft zur Erforschung eines subjektlosen Universums entwickelt hat, werden nun naiverweise auf das grundverschiedene Problem angesetzt, nämlich den Code eines Universums zu entschlüsseln, in dem Subjekt und Objekt untrennbar miteinander verwoben sind. (…) Unsere traditionellen logischen und mathematischen Methoden sind vor dem Hintergrund einer Kosmologie entwickelt worden, die Subjektivität als übernatürlich, vollständig außerweltlich und irrational eingestuft hat. Benutzen wir nun eben diese Methoden, um uns mit subjektivem Leben als selbstbezüglichem Prozess in der Natur – der vollständig rational ist – zu beschäftigen, dann entspricht das in etwa der Aufforderung an die Detroiter Automechaniker, mit ihren Werkzeugen Symphonien zu ‚produzieren' (…)“.*

Günther sieht im Gehirn ein reines Stück Materie, das aus ungefähr 10 Billionen Neuronen besteht, die naturwissenschaftlich erforschbar sind hinsichtlich ihrer Konstruktion, ihrer Fähigkeit, sich miteinander zu vernetzen, Nachrichten zu hemmen, zu übertragen, zu speichern usw. Mit den heute verfügbaren Techniken sei es, so Günther, prinzipiell nicht möglich, die Grenze zwischen objektiven Ereignissen und den subjektiven bewussten Wahrnehmungen zu überschreiten. Auf diesen Umstand hat erstmals Konrad Lorenz in seinem epochalen Werk *„Die Rüchseite des Spiegels"* hingewiesen. Jede Forschung und Analyse, die innerhalb eines bestimmten methodischen Rahmens betrieben werden, seien unvermeidlich und unbedingt eingeschränkt durch diesen Rahmen. Objektivität und Subjektivität seien aber auf ganz unterschiedlichen Deutungsebenen angesiedelt und daher nicht miteinander in Verbindung zu bringen. Günther bezeichnet diesen erkenntnistheoretisch bedeutsamen Sachverhalt als *diskontextual* (nicht miteinander in Verbindung bringbar). Man vergleiche hierzu die Ausführungen in Kapitel 5, in dem die begrifflichen Unterschiede zwischen Realität und Wirklichkeit dargelegt sind.

Günther: *„Der springende Punkt dabei ist, dass die Welt als eine ontologische Ganzheit – nämlich System oder System und Umwelt – immer vollständig determiniert ist. Aber der Kausalzusammenhang kann (…) in zwei unterschiedlichen Richtungen verlaufen. Er kann entweder in der Umwelt beginnen und sich in das von ihr umfasste System fortpflanzen, oder es kann so aussehen, als ob der Ausgangspunkt innerhalb der Subjektivität eines lebenden Systems liegt und sich die Kausalverknüpfung von dort in die Umgebung ausbreitet."*

Günther hebt an dieser Stelle hervor, es sei nicht richtig, von zwei Kausalketten zu sprechen – eine ihren Ausgang nehmend im unbelebten Objekt und die andere im lebenden System, und zwar deshalb, weil alles Lebendige unter Evolutionsgesichtpunkten ursprünglich aus eben dieser Umwelt aufgetaucht sei, und sich von ihr dann abgeschirmt habe. In der Tat gebe es deswegen, so Günther, nur eine einzige Kausalkette, die aus der Umwelt komme und sich in ihr ausbreite, Eingang finde in lebende Systeme und zurückreflektiert werde in diese Umwelt durch das Medium des lebenden Systems. Das Prinzip der Determinierung drücke sich dabei lediglich in zwei unterschiedlichen Modalitäten aus. So unterscheidet Günther zwischen irreflexiver und reflexiver (nicht rückbezüglicher und rückbezüglicher) Kausalität. Mit anderen

Worten: Die Kausalkette erfährt auf ihrem Weg durch ein lebendes System eine radikale Veränderung ihres Charakters.

Günther: *„Der Willensakt eines Subjektes beinhaltet eine viel höhere strukturelle Komplexität, als wir sie in der physischen irreflexiven Kausalität im Objektbereich beobachten. (…) Was den Mythos des gänzlich undeterminierten Willens erzeugt hat, ist die Tatsache, dass der Übergang der Kausalität vom Objekt zum Mechanismus der Subjektivität einen solchen Zuwachs an strukturellem Reichtum zum Kausalnexus bringt, dass es so scheint, als ob eine gänzlich neue Kraft auftauchte, die sich von den Determinierungsketten, die alle Objekte miteinander verbindet, vollkommen unterscheidet. Nehmen wir (…) an, dass die Realität als Integration von Objektivität und Subjektivität voll determiniert ist, dann können wir sagen, dass die Kausalität der objektiven Kontextur des Universums eine Rückkopplungsschleife durch die Subjektivität hindurch zurück in die Umwelt bildet. (…) Da ein Willenssystem (damit es Entscheidungen fällen und Handlungen vollziehen kann, die auf solchen Entscheidungen basieren) ein Bild der Welt benötigt, wollen wir die Willensfreiheit als ‚Bild induzierte' Kausalität bezeichnen. Im Gegensatz dazu ist die objektive Kausalität der Umwelt ohne eine solche Rückkopplung durch ein Willenssystem bildlos.*

Günther gibt zu bedenken, dass die klassische Tradition der Wissenschaft nur jenen Kausalitätstyp erforscht habe, der nicht durch ein Bild gefiltert worden sei, und so sei es unvermeidbar gewesen, dass der Mythos von einer ‚subjektiven Kraft' entstanden sei, einer Kraft, die vollständig undeterminiert, unabhängig von und sogar gegenläufig zum Kausalnexus des physischen Universums wirke.

Günther: *„Wir wiederholen: Wenn wir nicht auf den Mystizismus zurückgreifen wollen, der in der Wissenschaft keinen Platz hat, dann dürfen wir den freien Willen nicht als Mangel an Determinierung auffassen, sondern er ist gerade eine Erweiterung der formal bestimmenden Faktoren auf der Basis zunehmender struktureller Komplexität des Ereignisses. Diese Faktoren sind den determinierenden Daten des subjektlosen Universums der klassischen Tradition hinzuzufügen, und erst dann haben wir das Recht zu behaupten, dass die Ganzheit der Realität als Integration von Subjekt und Objekt voll determiniert ist und als solche ein legitimes Objekt wissenschaftlicher Forschung und kybernetischen Details darstellt."*

Dies steht im Einklang zu der in Kapitel 2 „Indetermination versus Determination" geäußerten Auffassung des Philosophen Leibniz, der, wie dort dargelegt, erstmals mit scharfsinnigen Argumenten klar gemacht hat, dass Freiheit innerhalb einer gesetzmäßig verfassten Welt als eine besondere Qualität der Determination unserer Handlungen und nicht als ein Ausfall von Determination zu begreifen ist.

Befassen wir uns abschließend kurz mit dem Begriff ‚Gesetz'. Er ist nicht eindeutig. So sind die Gesetze der Rechtswissenschaft auf einer ganz anderen Begriffsebene als der der Naturwissenschaft angesiedelt. Sie stellen im oben erörterten Sinne eher Regeln dar, die wie Verkehrsregeln den Verkehr, das Zusammenleben der Menschen untereinander regeln. Sie sind von Menschen erdacht und keineswegs unveränderlich. Ihr Kennzeichen ist ihre kulturelle Verschiedenheit und historische Wandelbarkeit. Viele Menschen wollen dies nicht wahrhaben und erwarten von Gesetzen, die das Recht beherrschen und durch die das Recht herrscht, immer wieder Allgemeingültigkeit wie von Wahrheiten und Naturgesetzen. Sie sind tief enttäuscht, wenn solche nicht aufzufinden sind.

In klassischer Weise hat dieser Enttäuschung B. Pascal Ausdruck verliehen mit den Worten: „(…) man (findet) (…) kein Recht und kein Unrecht (…), das nicht mit dem Klima sein Wesen änderte. Drei Breitengrade näher zum Pol stellen die ganze Rechtswissenschaft auf den Kopf, ein Längengrad entscheidet über Wahrheit; nach wenigen Jahren der Gültigkeit ändern sich grundlegende Gesetze; das Recht hat seine Epochen. (…) Spaßhafte Gerechtigkeit, die ein Fluss begrenzt! Diesseits der Pyrenäen Wahrheit, jenseits Irrtum."

7. Freiheit

Befassen wir uns etwas näher mit dem Freiheitsbegriff. Freiheit assoziieren wir in der Regel vordergründig mit Bindungslosigkeit. In Wirklichkeit gibt es neben der Freiheit von etwas (z. B. sich von Zwängen zu befreien) auch die Freiheit zu etwas (z. B. sich ‚freiwillig' neue Pflichten aufzubürden). Hier einige Beispiele zu ersterem Aspekt: Man sagt „heute Nachmittag habe ich frei" und will damit sagen, dass von irgendwelchen Institutionen, an die man gebunden ist, wie Schule, Beruf usw. keine Vorschriften gemacht werden, was man heute zu tun hat. Sagt das ein Schüler, so wird man ohne weiteres annehmen, dass er „schulfrei" meint. Sage ich von jemandem, dass er sich in Freiheit befindet, so will ich im Allgemeinen ausdrücken, dass er sich nicht in Haft befindet. Spreche ich von „Wahlfreiheit", so meine ich damit, dass in vielen Bereichen unseres Lebens, nicht nur in der Politik, bei einem bestimmten ins Auge gefassten Vorgang, nämlich dem Wahlvorgang, die Wahl freigestellt ist. Im übertragenen Sinne ist der Freiheitsbegriff auf Gegenstände anwendbar: „Ich befreie mich von den Dornen", „der Acker ist frei von Unkraut" usw. Unter letzterem der beiden oben genannten Aspekte stellt sich die Frage nach dem Entscheidungsspielraum. Wohin soll in freier Entscheidung die Reise gehen? Bei näherem Hinsehen erkennen wir, dass es Freiheit im absoluten Sinne nicht gibt, dass es nur Entscheidungsfreiheit gibt. Sie ist inhaltlich identisch mit Willensfreiheit, wobei das Bewusstsein eigener Entscheidungsfreiheit davon abhängt, ob die Entscheidung über Gedanken und Handlungen im eigenen Bewusstsein gefällt werden, oder ob eine Fremdbestimmung des Denkens und Verhaltens vorliegt. Entscheidungsfreiheit ist also gleichbedeutend mit Selbstbestimmung. Durch die Libetschen Versuchsergebnisse scheint ja gerade dieses Postulat in Frage gestellt. Der Freiheitsbegriff erweist sich somit als gebunden an Kategorien wie Entscheidungsfähigkeit, wobei unter ethischen Aspekten noch die Kategorie der Verantwortlichkeit ins Spiel kommt.

Wie frei sind wir nun eigentlich? Gehen wir davon aus, dass das in freier Entscheidung erfolgende Handeln auf das Erwägen von Möglichkeiten gründet (ethische Normen und Zielvorstellungen mit einbezogen), so kann festgestellt werden, dass wir so frei sind wie das Spiel unserer Gedanken, die zum Entschluss führen. Freier können wir nicht sein und nicht werden. Dies hat übrigens auch auf höheren Entwicklungsstufen seine Gültigkeit. Alles was

außerhalb unserer bewussten Überlegungen möglicherweise noch freier sein könnte, wäre (für den Fall, dass es uns von außen lenkte), für das Erleben eine Fremdbestimmung. Es wäre also kein Mehr an Freiheit angesichts der Identität von Willensfreiheit und Selbstbestimmung.
John Locke, ein Philosoph des 17. Jahrhunderts, geht in seinen Überlegungen zum Problem des freien Willens in seinem Werk *Versuch über den menschlichen Verstand* davon aus, dass die entscheidende Frage lautet: Was bestimmt unseren Willen?
Antwort: Viele Menschen haben – zumindest in vielen Fällen – die Fähigkeit, vor dem Handeln innezuhalten und zu überlegen, was sie in der gegebenen Situation tun sollten, sich also als fähig erweisen, eine Entscheidung lange genug aufzuschieben, um über die Konsequenzen einer Wahl nachzudenken.

Locke: *„Da in uns sehr zahlreiche Unbehaglichkeiten vorhanden sind, (...), so ist es natürlich, dass die stärkste und dringendste von ihnen den Willen zur nächsten Handlung bestimmt. Das geschieht denn auch meist, allerdings nicht immer. Da der Geist, wie die Erfahrung zeigt, in den meisten Fällen die Kraft hat, bei der Verwirklichung und Befriedigung irgendeines Wunsches innezuhalten (...), so hat er auch die Freiheit (dessen Objekt) zu betrachten, (es) von allen Seiten zu prüfen und gegen andere abzuwägen. Hierin besteht die Freiheit, die der Mensch besitzt (...). Wir (haben) die Kraft, die Verfolgung dieses oder jenes Wunsches zu unterbrechen, wie jeder täglich bei sich selbst erproben kann. (...) hierin scheint das zu bestehen, was man (...) den freien Willen nennt. Denn während einer solchen Hemmung des Begehrens (...) haben wir Gelegenheit, das Gute oder Üble an der Handlung, die wir vorhaben, zu prüfen, ins Auge zu fassen und zu beurteilen. (...) und es ist kein Mangel, sondern ein Vorzug unserer Natur, wenn wir, entsprechend dem Endergebnis einer ehrlichen Prüfung, begehren, wollen und handeln." (Versuch, § 47)*

Eine Entscheidung ist also als frei zu bezeichnen, wenn sie auf einem Prozess beruht, der durch rationale Überlegungen, durch Gründe und Argumente beeinflusst werden kann. Freiheit im absoluten Sinne ist nicht vorstellbar. Wir haben aber ein gutes Gespür dafür, in bestimmten konkreten Situationen vergleichende Aussagen über das jeweilige Ausmaß an Freiheit zu machen, also den Komparativ (lat. *comparare*, vergleichen) zu verwenden: Der Mensch ist freier als ein Schimpanse, dieser freier als eine Schildkröte, diese wiederum wohl freier als ein Regenwurm, und der Regenwurm wahrscheinlich freier als das einzellige Pantoffeltierchen. Aber auch unter den Menschen kann der Komparativ zur Anwendung kommen: Der Herr ist freier als der

Knecht, der Gesunde freier als der Schwerkranke, der Sportler freier als der Gelähmte usw. Ein Student, der an der Universität unter Wahlpflichtveranstaltungen eine Auswahl treffen kann, dürfte sich freier fühlen als einer, der sein Studium in einem absolut verschulten System absolvieren muss.

Auch Thomas Buchheim, Leiter einer von der Thyssenstiftung geförderten Forschungsgruppe, denkt den Begriff von Freiheit, anders als etwa Immanuel Kant, nicht absolut:

„Der Mensch ist nicht einfach frei, sondern er ist es mehr oder weniger, er ist in einem bestimmten Grade frei.“

Freiheit sei keine absolute Eigenschaft, sondern eine Qualität. Ein schwitzender Mensch zum Beispiel habe nicht die Freiheit, nicht zu schwitzen. Das Schwitzen als körperliche Reaktion könne der menschliche Wille nicht beeinflussen. Also müsse der Mensch in diesem Punkte unfrei genannt werden. Mit dem Träumen sehe es schon anders aus. Zwar werde das Träumen nicht bewusst gesteuert, dennoch ist der Wille am Träumen beteiligt. Dem Träumen komme ein höherer Grad an Freiheit zu als dem Schwitzen. Auch Buchheit operiert (ähnlich wie in den oben dargestellten Beispielen) mit dem Komparativ. So könne wiederum größere Freiheit der Entscheidung, eine Weltraumrakete zu besteigen, zugesprochen werden. Höchste Freiheit schließlich entfalte sich in der künstlerischen Betätigung. Freiheit lasse sich also als steigerungsfähige Eigenschaft beschreiben.

Thomas Buchheim hält das interdisziplinäre Gespräch, etwa zwischen Human- und Naturwissenschaften, für das Gebot der Stunde. Er hat zu einem solchen Gespräch über Freiheit eingeladen. Ob die Forscher aus den angesprochenen Wissenschaftsfeldern der Einladung folgen oder nicht, bleibt ihnen überlassen. Sie haben schließlich die Wahl. Zu dem Aspekt der Verschulung, auch an Universitäten, sei hier näher Stellung bezogen.

Stefan Zweig: *„Alles, was Not tat, war am Ende des achten Semesters eine Dissertation einzureichen und einige Prüfungen zu machen. Ich konnte lesen und arbeiten, was ich wollte, ohne irgend jemandem Rechenschaft schuldig zu sein.“*

Das war im Jahre 1900. Einhundert Jahre später hat sich das Verhältnis umgekehrt, dergestalt, dass das Studium Opfer eines etatistischen Konzepts von wirtschaftlichem Nutzen und sozialer Achtbarkeit geworden ist. Die soziale Bedeutung des Akademikers von heute entspricht etwa jener des Offiziers vor einhundert Jahren. Nicht wenige tragen heutzutage ihren Doktortitel mit dem gleichen distinktiven Selbstbewusstsein zur Schau wie den „Leutnant der Reserve“ zur Kaiserzeit.

Versuchen wir uns vor Augen zu führen, in welchen Schritten sich das Spiel unserer Gedanken, die zum Entschluss führen, vollzieht: Vergegenwärtigung verschiedener Alternativen mit den jeweiligen Zielvorstellungen, Abwägung zwischen den Alternativen, Verhaltenssteuerung mit Hilfe des Ergebnisses der Überlegungen. Es macht keine Schwierigkeiten, dies als Programm eines sehr flexiblen Daten verarbeitenden Systems aus kausal funktionierenden Elementen zu verstehen, wonach die Selbstbestimmung im Sinne der Willensfreiheit formal ein (wenn auch sehr) komplizierter Operator innerhalb des Systems der das Verhalten bestimmenden Elemente in der Psyche des Menschen wäre.

Der sog. Kompatibilismus (kompatibel, vereinbar, zusammenstimmend) versucht, Determinismus und Freiheit ihrer scheinbar absolut entgegengesetzten, einander ausschließenden Bedeutung zu entkleiden. Der Kompromiss geht jedoch zu Lasten der Freiheit, denn der Kompatibilismus negiert grundsätzlich die Möglichkeit alternativen Handelns. Hat aber ein Mensch in einer bestimmten Situation nicht die Wahl, sich anders zu entscheiden, dann hat er gar keine Wahl. Nach den bisherigen Ausführungen ist die Möglichkeit zu wählen ein entscheidendes Kriterium von Freiheit. Einer der namhaftesten Kompatibilisten ist Ansgar Beckermann (analytischer Philosoph; Professor an der Universität Bielefeld), dessen Werke in besonders fundierter Weise die angesprochene Problematik darlegen. Beckermann studierte Philosophie, Soziologie und Mathematik an den Universitäten Hamburg und Frankfurt/Main. 1975 bis 1981 war er wissenschaftlicher Assistent an der Universität Osnabrück. Nach Professuren an den Universitäten Göttingen und Mannheim ist Beckermann seit 1995 Professor an der Universität Bielefeld. Zusammen mit Peter Bieri, Thomas Metzinger und Michael Pauen gilt Beckermann als einer der Hauptvertreter der Philosophie des Geistes in Deutschland. Die Gegenposition zum Kompatibilismus vertritt der Libertarismus, der nachdrücklich die Wahlmöglichkeit bejaht. Doch kann der Libertarismus nicht erklären, warum Entscheidungen auch notwendigerweise und nicht nur rein zufällig getroffen werden. Zufall ist nämlich das Gegenteil von Freiheit, denn Zufall bedeutet Willkür. Eine freie Willensentscheidung ist nicht das Ergebnis von Launenhaftigkeit, sie ist begründet.

Thomas Buchheim fahndet nach einem radikal neuen Ansatz, den er als „Libertarischer Kompatibilismus“ bezeichnet. In ihm versucht er, Determinismus und Libertarismus miteinander zu vereinen. Er wendet sich gegen den physiko-kausalen Determinismus, der auf rigide Weise die universelle Gültigkeit der Naturgesetze auch jenseits der Physik behauptet.

Jedes Ereignis und damit auch menschliche Entscheidungen und Handlungen seien durch allgemein gültige Gesetze bestimmt und entsprechend beschreibbar. Thomas Buchheim verweist jedoch darauf, dass die physikalische Bestimmtheit, etwa des Denkens, eben keinen Rückschluss auf das Bestimmtsein der Gedanken erlaubt, denn Neuronenprozesse sind keine Gedanken. Diesem klassischen Denkfehler, so Buchheim, unterliege auch Wolf Singer (Direktor am Frankfurter Max-Planck-Institut für Hirnforschung).

Thomas Buchheim: „*Denken und Handeln verhalten sich wie Ton und Melodie*“. Der Ton wird physikalischen Gesetzen gemäß erzeugt, die Melodie gehorcht kompositorischen Regeln. Diese Regeln kann die Physik nicht vollständig beschreiben. Melodik beeinflusst beispielsweise auch Gewohnheiten und Erwartungen der Hörer. Jeder Ton der Musik wird immer eine Schallwelle bleiben und physikalischen Gesetzen gehorchen; die Melodien gehören jedoch unserer subjektiven, menschenspezifischen Wirklichkeit an. Während Melodien also auf physikalisch beschreibbaren Tönen basieren, findet die Freiheit des Künstlers in der Schaffung der Regeln einzigartiger Melodien ihren (nicht starr festgelegten) Ausdruck.

Die Freiheit ist nicht determiniert im Sinne der durch Kausalität bedingten Determiniertheit der Elementarvorgänge, wohl aber gelenkt im Sinne der in freier Entscheidung möglichen Selbstbestimmung. Somit erweist sich der Widerspruch zwischen Kausalität und Willensfreiheit als ein Scheinwiderspruch. Er löst sich auf, wenn man die funktionellen Beziehungen zwischen Elementarebenen und Systemen in Betracht zieht. Bei der augenblicklichen von Neurowissenschaftlern (Libet; Roth; Singer; Prinz u. a.) in Gang gesetzten Diskussion über die Freiheit (bilden wir uns Freiheit nur ein?) werden die dargelegten Sachverhalte nicht oder nur wenig beachtet. Dass es hinsichtlich des Entscheidungsspielraumes aufgrund der unterschiedlichsten Curricula vitae der Menschen große individuelle Unterschiede gibt, versteht sich von selbst, ändert aber nichts am Prinzip der bisher getroffenen Feststellungen.

Geyer (2004) sieht bezüglich der Beachtung der dargelegten Fakten ähnliche Defizite, so etwa bei W. Singer, dem schon mehrfach genannten extremen Vertreter des Determinismus. Geyer (Roth zitierend):

„Die ernst zu nehmende Gefahr liegt in der von Neurowissenschaftlern nicht selten vertretenen Auffassung, es gebe jenseits der neuronalen Vorgänge nichts mehr zu erklären. (…) Was soll denn da noch zu erklären sein?, würde Singer zurückfragen. Das ist doch gerade der Witz unserer Zunft, dass wir den Menschen exakt und sicher mit unseren Messverfahren erklären und es für Spekulationen keinen Raum mehr gibt" (Ende Zitat Rot). Geyer: *„Denn soviel ist für Singer gewiss, dass die kognitiven Funktionen mit den physiko - chemischen in den Nervenzellen (zwar) nicht gleichzusetzen sind, aber dennoch kausal erklärbar aus diesen hervorgehen. In dieser Radikalreduktion des Psychischen auf das Physische liegt der Determinismus beschlossen."*

Singer verkennt offenbar, dass die Reduktion komplexer Systeme auf weniger komplexe Teilsysteme mit Informationsverlust verbunden ist. Mit anderen Worten: Physik und Chemie können nicht umfassend Vorgänge in lebenden Systemen beschreiben. Einfaches Beispiel aus der Chemie: In Wasserstoff und Sauerstoff sind nicht die Eigenschaften des Wassers, auch nicht in Spuren, vorhanden. Ein Beispiel aus der Physik: Ein Stromkreis mit einer Spule und einem Kondensator ergeben zusammengeschaltet einen Schwingkreis, der mit gänzlich neuen physikalischen Eigenschaften ausgestattet ist, die in den Teilsystemen Spule und Kondensator nicht enthalten sind. Entsprechend ist die in unseren Gehirnleistungen sich äußernde Qualität des spezifisch Menschlichen erst durch eine Synthese zwischen Raumvorstellung, Greifhand, Aufrichtung, Neugierverhalten und Sprachentwicklung entstanden. Dem Bestreben also, gar Bewusstseinsvorgänge „radikal" auf Physik und Chemie reduzieren zu wollen, kann deshalb aus den dargelegten Gründen kein Erfolg beschieden sein.

Singers Denkfehler mag damit zusammenhängen, dass er den in der Philosophie (auch in heutiger Zeit noch) angesiedelten Dualismus ablehnt. Die dualistische Weltsicht besagt, dass Körper und Geist zwei Welten sind, dass der Mensch aus zwei ganz verschiedenen „Stoffen" (Entitäten) aufgebaut ist. Schon bei Platon, dem Lehrer des Aristoteles, und von ihm her auch bei Augustinus und vor allem bei Descartes findet sich das dualistische Prinzip. Ihm ist die monistische Weltsicht gegenüber zu stellen, die Leib und Seele als ganzheitliche Einheit betrachtet.

Hans Küng (2005*)*: *„So ist es weder die Seele noch das Gehirn, sondern der eine ganze Mensch, der atmet, erlebt, empfindet, denkt, will, leidet, handelt: das Ich eine Person. Leib und Psyche, Gehirn und Geist sind also immer gleichzeitig gegeben und bilden (…) eine psychosomatische Einheit. Körperliches und Seelisches sind demnach nie – nicht einmal im Traum - isoliert zu haben (…) Jedem Bewusstseinszustand liegt (…) ein psycho-physischer Prozess zugrunde: keine geistige Tätigkeit ohne ein neuronales Substrat."*

Singer*: „Wir empfinden uns als geistige Wesen, die frei entscheiden. Unsere Intuition legt nahe, dass eine nicht materielle Entität, was immer das auch sein mag, zu Entscheidungen und zu Entschlüssen kommt, die dann dazu führen, dass Nervennetze diese Entscheidungen ausführen und umsetzen in irgendwelche Aktionen."*

Diesem dualistischen Standpunkt stellt er (wie z. B. Hans Küng) einen monistischen gegenüber, schießt aber weit über das Ziel hinaus, wenn er im Monismus (unter Außerachtlassung systemtheoretischer Erwägungen) Handlungsspielraum und Rechtfertigung für eine radikale „Reduktionsphilosophie" sieht.

Prigogine, H. und I. Stengers (1993): *„Systeme können nicht auf ihre Teile reduziert werden, da sie mehr als die Summe derer sind. Systemische Eigenschaften gehen verloren, wenn man nur die einzelnen Teile betrachtet: So hat zum Beispiel die Zelle als Baustein des Menschen als Teil kein Bewusstsein, der Mensch als Ganzes jedoch schon."*

Befassen wir uns etwas näher mit dem Begriff „Reduktionismus". Als Reduktionismus (lat. *reducere*, zurückführen) wird ein von allen empirischen Wissenschaften angewendetes Verfahren bezeichnet, das darin besteht, die Eigenschaften eines Phänomens aus den Eigenschaften der es konstituierenden Elemente abzuleiten. Diesem Erklärungsmodus liegt die Annahme zugrunde, dass die Eigenschaften einer Komplexitätsebene, wenn nicht hinreichende, so zumindest notwendige Bedingungen der auf ihr aufbauenden Obersysteme darstellen. Wenn diese Annahme richtig ist, dann müsste es möglich sein, zu zeigen, dass die faktische Naturgeschichte der realen Welt tatsächlich einen Prozess darstellt, in dem jedes System als eine Konsequenz seiner Vorläufer, seiner Subsysteme, entsteht. Mit anderen Worten: Theorien der einen Komplexitätsschicht lassen sich auf die Theorie der nächst tieferen (elementareren) reduzieren oder unter diese subsumieren (methodischer Reduktionismus). Beispiel: Chemische Reaktionen lassen sich auf Infrarot- und

UV-Spektren, weiter auf Moleküle, schließlich auf Kovalentbindungen und Quantenmechanik reduzieren. Die im geschilderten Sinne nach Komplexitätsgrad hierarchisch gegliederten Systemebenen sind Konstrukte unserer Wirklichkeit. Die Realität ist ein raumzeitliches Kontinuum, das solche Abgrenzungen nicht kennt. Die systemtheoretischen Betrachtungen sind darum subjektive Sachverhalte unserer menschspezifischen Wirklichkeit. Vor diesem erkenntnistheoretischen Hintergrund sind darum systemspezifische Darlegungen eigentlich ohne Relevanz.
Wenn wir dennoch die Realität in unterschiedlich komplexe Systemebenen aufgliedern, hängt dies mit pragmatischen Notwendigkeiten zusammen. Unser Erkenntnisapparat hat keine andere Wahl, als das in unserer Wirklichkeit erfassbare Sein in mehr oder weniger geschickte Beschreibungsebenen aufzuteilen. Die Gesetzlichkeiten der Realität sind indessen nicht an unsere Ebenen gebunden. Die in diesem Buch mehrfach ausgeübte Reduktionismus-Kritik richtet sich nicht gegen die Anwendung der Methode wissenschaftlicher Erklärung. Die dargebrachten Vorwürfe werden nämlich nicht gegen den Modus der Erklärung, sondern gegen die daraus abgeleiteten Folgerungen erhoben. Denn es ist eine Sache, Denken und Erkennen auf die Biologie ihrer Trägersysteme zurückzuführen, und es ist eine andere Sache, etwa bei der menschlichen Vernunft, daraus zu schließen, bei ihr handele es sich um nichts anderes als um ein Zusammenspiel verschiedener stammesgeschichtlich älterer Information verarbeitender Prozesse. Solche Schlussfolgerungen sind keine notwendige Konsequenz der reduktionistischen Methode. Man bezeichnet eine solche Philosophie, die J. Huxley (1954) treffend einen „Nothing-Else-But-Ism“ nannte, als ontologischen Reduktionismus, der in jedem x-beliebigen Teilaspekt einer Sache ihre alleinige Ursache sieht und damit tatsächlich die Erklärung mit ihrem Gegenstand verwechselt.

Ein Freund ließ mir kürzlich (mit Blick auf den Freiheitsbegriff im weitesten Sinne) folgende Zeilen zukommen:

„Wenn wir auch nicht mehr annehmen, dass die Welt ein Uhrwerk ist, von dem sich der Uhrmacher jederzeit zurückziehen kann und vielleicht zurückgezogen hat, und wir die Evolution einbeziehen, mit der der Schöpfungstag andauert, so kann Gott doch auch da nicht willkürlich in den Gang der Dinge eingreifen. (…) Die Evolution ist in diesem Sinne eine unabänderliche Notwendigkeit, der auch Gott unterworfen ist.“

Hierzu soll Stellung bezogen werden unter Anknüpfung an einen oben ausgeführten Gedanken: Wir besitzen Entscheidungsfreiheit, gepaart mit Verantwortlichkeit. Es steht uns frei, die Programme, nach denen wir leben, unserem Willen gemäß zu modifizieren. Auf der Systemebene des Gehirns gilt nicht das Prinzip unabänderlicher Notwendigkeit.
Lieber Freund, Du schreibst:

Die Evolution ist (…) eine unabänderliche Notwendigkeit, der auch Gott unterworfen ist.

Glaubst Du wirklich, Gott könne dem Prinzip unabänderlicher Notwendigkeit unterworfen sein? Soll es ihm nicht möglich sein, in den Gang der Dinge willkürlich einzugreifen? Wir wissen es nicht. Würde aber ein solcher anthropozentrischer Standpunkt nicht eine unzulässige Festlegung und Einschränkung der Möglichkeiten Gottes bedeuten?
Diese Frage ist rational nicht zu beantworten. Sie ist eine Sache des Glaubens, eine Sache *„vernünftigen Vertrauens“*, wie dies H. Küng zum Ausdruck gebracht hat, z. B. des Vertrauens darauf, dass Gott mit der für uns immer wieder feststellbaren Konstanz der Naturgesetze die Welt in nicht zu überbietender Zuverlässigkeit in Gang hält.

8. Vom Bewusstsein zur menschlichen Verantwortung

Die spezifische Beschaffenheit unseres Bewusstseins (uns als freies, selbst bestimmtes Wesen zu empfinden, das Handlungen initiieren und das sich mit sich selbst identifizieren kann) lässt uns eine Welt jenseits unserer Erkenntnismöglichkeiten erahnen, eine transzendente Welt. Da wir wenigstens bezüglich unseres Bewusstseins (mittels rationaler Argumentation) die Fesseln der Naturgesetzlichkeit abgestreift haben, scheint der Möglichkeit, in Dialoge jedweder Art, so auch mit Gott, eintreten zu können, nichts (mehr) im Wege zu stehen. Gott mag auf Elementarvorgänge nicht dauernd willkürlich Einfluss nehmen. Auf der Systemebene ist indessen alles offen, und Gott mag sehr wohl unsere Gedanken, unser Herz bewegen, insbesondere dann, wenn wir solches (z. B. im Gebet) sehr innig wünschen. Und warum sollte nicht umgekehrt Gott sich von uns bewegen lassen? Offensichtlich bedarf es, zumindest auf der Systemebene, für die Kommunikation mit Gott keines Wunders.

Das Bild zeigt Ophelia in der Geste der Meditation. Ihr Freitod ist die in konkrete Handlung umgesetzte Verzweiflung, die Hamlet in seinem Monolog gedanklich durchspielt.
Absolut schicksalhaft im Geiste der griechischen Tragödie?
Letztendlich bei beiden doch ein Rest freier Entscheidung in möglicher Selbstbestimmung?
Bild:
Erwin Steitz, Ophelia, 1949

(...) des Lebens Sinn? -
Mit Gott wieder eins wir werden. -
Was wird stehen im Nekrolog?
Gott schuf das All,
Gott schuf die Sonne, die Erde,
den Menschen –
Gott suchte den Dialog.

Und er bot uns an, und wie's auch geschehe,
Gespräche auf gleicher Augenhöhe,

Und er warf uns hinein ins Sein. –
Wurden wir seiner Erwartung gerecht?
Wie steht es mit mir, erwartend Freund Hein?
Wie steht's mit dem ganzen Menschengeschlecht...?

Verse des Autors, 2005

Solche Fragen sind nicht neu. Seit eh und je versucht der Mensch – mit dem geistigen Instrumentarium seiner Zeit – die Frage des Verhältnisses zwischen ihm und Gott zu beantworten. In der Scholastik - fußend auf der Ideenlehre Platons (die reale Welt ist Abbild von ewigen Ideen) – wird der Gedanke entwickelt, dass die göttliche Vernunft für den Menschen zwar unendlich groß sei, die Vernunft des Menschen sich zu ihr aber analog verhalte, weswegen der religiöse Glaube immer die menschliche Natur voraussetze und er die Idee des unendlichen Gottes denken könne. Diese Idee der „*analogia entis*“ (Ähnlichkeit des Seienden) wurde von Thomas von Aquin (1225-1274) brillant entwickelt. Sie zeigt die verschiedenen Stufen des Seins, indem sie bei aller Betonung des Ähnlichen und Unähnlichen dessen Einheit wahrt.
Thomas von Aquin wurde 1225 in Süditalien geboren. Er stammt aus zwei hocharistokratischen Familien. Er studierte und lehrte Philosophie und Theologie in Rom, in Paris, in Köln; in Viterbo und in Orvieto. 1274 starb er auf einer Reise zu einem Bischofskonzil in Lyon. Thomas von Aquin war überzeugt, dass es zwischen dem religiösen Glauben und der kritischen Vernunft keinen Widerspruch geben kann. Daher sind für ihn, ebenso wie für seinen Lehrer Carolus Magnus, das Wissen und der Glaube zwei verschiedene Weisen der einen Erkenntnis. Unser Wissen entsteht immer durch die Anstrengung unserer Vernunft; Glaube aber entsteht durch die innere Schau

und durch göttliche Offenbarung. Wir sind im Evolutionsgeschehen auf einer Entwicklungsstufe angelangt, wo wir zur Welt eine gewisse Distanz erlangt haben dadurch, dass wir begonnen haben, bewusst über sie zu reflektieren. Wir sind, wie dargelegt, frei, wenn auch nicht absolut. Doch immerhin: Dort, wo wir in einem willensfreien Akt selbst bestimmen, greift Gott nicht ein, sind wir auf uns allein gestellt. Diese Erkenntnis mag uns Sorgen bereiten, eröffnet uns aber die bemerkenswerte Perspektive, mit Gott auf Du und Du stehen zu können. Ein Zitat aus Bill Brysons Buch: *„Eine kurze Geschichte von fast allem*" verdeutlicht, was gemeint ist:

Einmal kündigte der Physiker Leo Szilard seinem Freund Hans Bethe an, er wolle eventuell ein Tagebuch führen: *„Ich habe nicht vor, etwas zu veröffentlichen, ich möchte die Tatsachen nur festhalten, damit Gott Bescheid weiß.* Daraufhin fragte Bethe: *„Glauben sie nicht, dass Gott die Tatsachen schon kennt?" – „Ja"*, erwiderte Szilard, *„die Tatsachen kennt er. Aber diese Version der Tatsachen kennt er noch nicht."*

Die angesprochene Unmittelbarkeit lässt irdische Dogmen (insbesondere wenn sie nicht mit der Vernunft in Einklang gebracht werden können), religiöse Riten, religiöse Institutionen, kirchliche Würdenträger überflüssig erscheinen, stemmt sich gegen jeden Versuch, den in seiner Unverfügbarkeit erfahrenen Gott menschlich verfügbar zu machen. Sie bahnt den Weg zur Spiritualität, Kernanliegen jedweder Mystik, und öffnet den *direkten* Zugang zur Quelle des Heiligen. Es ist die Suche nach dem Geheimnis des Einsseins in Gott. Die Unmittelbarkeit kennzeichnet den *wahrhaft freien Christenmenschen,* der auf Grund seines Glaubens und seines Glaubens allein vor Gott gerechtfertigt dasteht. Nicht gute und fromme Werke machen den guten und frommen Menschen, sondern umgekehrt: der gute und fromme Mensch macht gute und fromme Werke. Tut er sie nicht, stimmt etwas nicht mit seinem Glauben.

Auf diesem Sachverhalt basiert Luthers Schrift *„Von der Freiheit eines Christenmenschen" (1520),* einer Schrift von zentraler Bedeutung für die von Luther erstrebte Reform der Kirche. Diese Freiheit hat allerdings ihren Preis: Rechenschaft ablegen zu müssen. Was Homo sapiens heutzutage anrichtet (mörderische Kriege, Vergiftung der Biosphäre) geschieht mit intellektueller Einsichtsfähigkeit, wofür er allein die Verantwortung trägt.

Mit dem Wachsen des Wissens vergrößert sich die Schuldfähigkeit, nimmt die Pflicht zu, die Entscheidungsspielräume mehr denn je nach humanitären Leitlinien zu nutzen. John R. McNeil (2003) bemerkt hierzu:

„Die nachhaltige Veränderung, die das 20. Jahrhundert dem Menschen gebracht hat, ist die von ihm selbst herbeigeführte Umgestaltung seiner natürlichen Umgebung. In den letzten 100 Jahren haben die Menschen weltweit zehnmal so viel Energie verbraucht wie in den 1000 Jahren zuvor. Massive Veränderungen von Luft, Wasser, Boden und der gesamten Biosphäre haben eine neue Welt entstehen lassen."

McNeil weckt Hoffnung: Anstatt den Umgang des Menschen mit der Natur zu verurteilen und apokalyptische Prognosen aufzustellen, beschreibt der Autor die Beziehung zwischen Mensch und der ihn umgebenden Natur als riskanten evolutionären Prozess, dessen Ausgang in unserer Hand liegt.

Verantwortung des Menschen

So kommt dem Menschen das einmalige Geschick zu, den roten Faden des Lebens selbst in der Hand zu halten. Plötzlich muss er selbst die Verantwortung dafür tragen, wie es mit ihm und allen anderen Geschöpfen auf diesem Planeten weitergehen soll. Es stellt sich die Frage der Zielsetzung. Soll ein neuer Mensch geschaffen werden? Nach welchem Katalog wünschenswerter Eigenschaften soll dies vorgenommen werden? Oder wird man den Menschen so belassen müssen, wie er von Gott geschaffen wurde, dafür aber vielleicht aus dem umfangreichen Verhaltensprogramm solche Merkmale stärker fördern, die bisher mehr oder weniger unterdrückt waren, die aber geeignet erscheinen, ein menschenwürdiges Leben zu garantieren? Oder können wir es so einrichten, dass Bedingungen hergestellt werden, die den natürlichen Bedürfnissen des Menschen stärker gerecht werden, und zwar im Verbund mit der Natur und nicht gegen sie? Fragen über Fragen. Sie konfrontieren uns mit der den Menschen oft bedrückenden Erfahrung: Wie ist die Unvollkommenheit der Welt, die Existenz von Sorgen, Leid und Unglück mit der Allmacht Gottes in Einklang zu bringen (Theodizee)? Hoimar von Ditfurth (1984), ein im Veranschaulichen komplexer Zusammenhänge geübter Autor, ist der Auffassung, dass dieser Widerspruch an Schärfe verliert, wenn wir (wie schon im obigen Schreiben meines Freundes angedeutet) bedenken, dass der Schöpfungsakt, in dem die Welt erschaffen wurde, noch andauert, dieser noch nicht vollendet ist. Er folgert:

„Wenn Evolution nichts anderes ist als der uns fassbare Anblick einer sich vollziehenden Schöpfung, dann können wir zu der Einsicht kommen, dass uns offenbar die Ehre einer aktiven Beteiligung am Vollzug dieser Schöpfung zuteil wird. Denn seit unser Geschlecht zum Bewusstsein erwachte, sind wir in zunehmendem Maße für den Ablauf der Dinge in dem uns zugänglichen Teil der Welt mitverantwortlich. Daraus aber lassen sich nun bestimmte ethische Grundsätze für menschliches Verhalten ableiten, die alle bisherigen sittlichen Gebote einschließen, sie in wichtigen Punkten aber sogar noch ergänzen (…) (Das menschliche Handeln) muss sich in jedem Augenblick an der Frage messen lassen, ob es dem der Vollendung der Welt zustrebenden Ablauf der Dinge im Wege steht oder zu ihm beiträgt. Ob es also (...) zur Verminderung von Schmerz, Angst und Krankheit, (…) zur Bekämpfung des Hungers, (…) beiträgt oder nicht."

Freilich wird hiermit nicht die Frage nach der Herkunft des Bösen in dieser Welt beantwortet. Gottes Schöpfung ist eine „Creatio continua", eine im Werden begriffene Welt. Ist womöglich das Böse anthropomorpher Natur, eine nur dem Menschen zukommende Erfahrung? Ist das Gute nur zu definieren über das Böse und umgekehrt, das Böse nur über das Gute? Woher wüssten wir, was gut ist, wenn es das Böse nicht gäbe? Vielleicht ist diese Ambivalenz des Seins als *conditio sine qua non (unerlässliche Bedingung)* für uns von Gott geschaffen worden. Denn nur auf diese Weise scheinen wir (dem Guten verpflichtet) in der Lage zu sein, zur Vollendung der Welt in dem von Hoimar von Ditfurth dargelegten Sinne einen Beitrag zu leisten.

Und Jahwe, Gott, sprach: Siehe, der Mensch ist nun geworden wie unsereiner, erkennend Gutes und Schlechtes. (…) So schickte ihn Jahwe, Gott, fort aus dem Garten Eden, damit er die Adama bebaue, von der er genommen war" (Genesis 2.4 b, Vers 22 und 23).

Also auch „*sub specie evolutionis*" gibt es Raum für einen persönlichen Gott, zu dem man beten kann mit der Hoffnung, gehört, vielleicht auch erhört zu werden, der mir helfen kann, wenn ich in Not bin.

Moral

Verhaltensbiologische Aspekte

Wie steht es grundsätzlich mit den ethischen Grundlagen unserer Entscheidungen bzw. mit der moralischen Wertung unseres Verhaltens? Im ursprünglichen Sinne des Wortes (*mos* = Sitte) heißt moralisch handeln, den (guten) Sitten gemäß handeln. Ist dies eine hinreichende ethische Grundlage? Denn Sitten haben verschiedene Wurzeln, verschiedenes Alter, und nicht selten kommt es zu Konflikten, die uns dazu zwingen, abweichend von gängigen Normen selbst zu werten und zu entscheiden. Oder es kommt zu einem Dilemma dadurch, dass die Wahl zwischen zwei oder mehreren, gleich unangenehmen Dingen zu treffen ist. Was also ist zu beachten, wenn H. von Ditfurth eine um bestimmte Aspekte erweiterte Ethik (resp. Moral) fordert?
Der Ethologe (Verhaltenswissenschaftler) unterscheidet drei Stufen der Moral. Auf der ersten Stufe handelt es sich um die Moral unserer sog. ersten Natur. Sie ist instinktiv und basiert auf stammesgeschichtlichen Anpassungen, sie ist wesensgleich mit dem sog. moralanalogen Verhalten vieler Tiere. Entsprechend handeln wir auf dieser Stufe unreflektiert, spontan, aus Neigung. Wenn wir einem Freunde beistehen oder aus Liebe für unseren Partner in spontanem Entschluss unser Leben opfern, handeln wir gewiss moralisch, aber auf einer instinktiven Ebene.
„Moralanaloges" Verhalten bei Tieren zeigt sich darin, dass manche sich beispielsweise für ihre Jungen aufopfern, bedrohten Artgenossen beistehen, Partnerbeziehungen respektieren und in bestimmten Situationen Artgenossen schonen, wenn diese sich im Verlauf eines Kampfes durch Demutsverhalten unterwerfen. Es handelt sich um kritische Situationen im Sozialleben der Tiere, die durch stammesgeschichtliche Anpassungen abgesichert sind. Bewusstes Handeln nach ethischen Grundsätzen ist hierbei nicht im Spiel.
Die zweite Stufe der Moral gibt sich in der Erfüllung kulturell tradierter Normen zu erkennen wie gruppenkonformes Verhalten und Bereitschaft zur sozialen Imitation. Im Kern ist sie gekennzeichnet durch eine Orientierung an den Erwartungen von Bezugsgruppen (zunächst der Familie, dann der Gesellschaft im Allgemeinen), die um ihrer selbst willen, das heißt, unabhängig von ihren Konsequenzen, für den Einzelnen als wichtig angesehen werden. Dies ist in Freudschen Kategorien die Moral des Über-Ichs, die dem Individuum nicht in freier Willkür erwachsen ist und daher gelegentlich als infantil

bezeichnet wird. In der Tat dient sie der Orientierung der Jugendlichen, aber auch der meisten Erwachsenen. Ein Verhalten auf dieser Moralstufe ist dann gut, wenn es den Erwartungen entspricht, die soziale Ordnung aufrecht erhält und Gesetze achtet, eine Einstellung, die durchaus nicht nur durch bloße äußerliche Konformität mit der sozialen Ordnung gekennzeichnet ist, sondern sich vielmehr in der Loyalität gegenüber der Ordnung, im Verständnis dieser Ordnung und im Bemühen um ihre Erhaltung manifestiert.

Vorbilder spielen auf dieser Entwicklungsstufe, sei es im Bereich der Musik, des Films, der bildenden Kunst, der Politik, eine wichtige Rolle. Viele Menschen sind auf Anerkennung und die Zugehörigkeit einer Gruppe angewiesen, und sie sind zu vielem bereit, um diese nicht zu verlieren bzw. neu zu gewinnen. Das geht über den Mechanismus der Identifikation. Wir identifizieren uns beispielsweise mit der Familie, dem Freundeskreis, dem Heimatort, mit unserem Bundesland, mit der Bundesrepublik, mit Europa usw. Der Gruppenbegriff ist also vielfältiger Art und zudem hierarchisch gegliedert. Die Identifikation hängt in ihrer Beschaffenheit davon ab, auf welcher Ebene ich mich gerade befinde. Begegnet ein Mensch aus dem Saarland einem Menschen aus Bayern, so empfindet der eine sich als Saarländer, der andere als Bayer. Reisen nun beide nach Frankreich, werden sie von den Franzosen als Deutsche angesehen und sie empfinden sich auch als solche.

Wir identifizieren uns darüber hinaus (was besonders bedeutsam ist) auch mit Vorbildern, und dann sehr oft deshalb, weil die Vorbilder unser Selbstwertgefühl regulieren. Wir sind identifiziert, und wir erleben ein Gefühl von Nichtigkeit, wenn dieses Idol z. B. verschwindet oder in Ungnade fällt. Vorbilder kommen oft im Gewande der Autorität daher, dies insbesondere in der Politik. Ranghohe in der menschlichen Gesellschaft verschaffen sich Autorität, sei es durch Rangkämpfe oder besondere Leistungen.

Das Erreichen solcher Ziele wird ihnen dadurch erleichtert, dass eine genetisch bedingte Bereitschaft zur Anerkennung dieser Ränge seitens der Untergeordneten mit im Spiele ist. Unter verbrecherischer Führung können Menschen auf diese Weise leicht zu Verbrechern werden. Untersuchungen haben verdeutlicht, dass sich der Mensch zwar gegen die Herrschaft brutaler Gewalt wehrt, dass er sich aber einer freiwillig anerkannten Autorität aufgrund deutlicher Disposition bereitwillig unterordnet. Die Folgen einer extrem unkritischen Autoritätsgläubigkeit gegenüber einem nur mäßig gebildeten, verbrecherischen „Führer“ während des 3. Reiches (der Holocaust) sind in der Geschichte der Menschheit ohne Beispiel.

Krieg

Krieg wird definiert als bewaffneter Konflikt zwischen Gruppen. Er zielt unter Einsatz von Waffen auf die Verletzung und Tötung von Feinden. Dies ist ein hervorzuhebendes Kennzeichen, denn in den meisten Fällen der aggressiven Konfliktaustragung, etwa zwischen Mitgliedern derselben Gruppe, wird durch Einhalten bestimmter Regeln eine Eskalation ins Destruktive vermieden. Das Kräftemessen ist in der Regel so weit ritualisiert, dass es nicht tödlich für einen der Kontrahenten enden muss.

Ganz anders im Krieg, wo Töten beabsichtigt ist. Dazu müssen allerdings die biologischen innerartlichen Aggressionshemmungen ausgeschaltet werden, die auf Signale der Submission (Unterwerfung) und verschiedene Aspekte der Beschwichtigung, Brandstiftung und Mitleidserweckung ansprechen. Dies geschieht u. a. durch den Einsatz schneller und auf Distanz tötender Waffen, ferner durch Indoktrinierung, wie sie beispielsweise durch den Präsidenten einer Weltmacht betrieben wurde, wenn er (mit Blick auf missliebige Staaten wie Iran, Irak und Nordkorea) von „der Achse des Bösen" sprach. Hinzu kommt, dass man den Gegner zum Menschen minderer Art degradiert; er wird behandelt wie Jagdwild oder wird zum Ungeziefer degradiert. Weltweit das gleiche Spiel: Eipo beschimpfen beispielsweise ihre Gegner als Dungfliegen, Eidechsen oder Würmer. Hand in Hand mit der Dehumanisation (Entmenschlichung) des Gegners geht eine Überhöhung der Selbsteinschätzung einher.

In neuerer Zeit erfolgt der Beginn eines Krieges in ritualisierter Form: er wird ‚erklärt'. Bei der Kriegserklärung handelt es sich um die gewohnheitsrechtliche und nach dem III. Haager Abkommen von 1907 über den Beginn der Feindseligkeiten erforderliche Erklärung eines Staats über den Beginn des Kriegszustands. Hierdurch verschafft sich ein Staat die Vollmacht, aggressive Handlungen, die im privaten Leben als Verstöße gegen die Menschlichkeit geahndet werden, als legitime und moralisch vertretbare, bisweilen als besonders tugend- und heldenhafte Taten (z. B. „Tapferkeit vor dem Feind") hinzustellen.

Beim Kriegführen kommen auch angeborene Dispositionen zum Tragen:

- Die Neigung, einander in geschlossenen Gruppen loyal beizustehen
- Die Bereitschaft, bei Bedrohung von Gruppenmitgliedern aggressiv zu reagieren

- Der Hang des Mannes zu kämpfen, seine Kräfte zu messen und zu dominieren
- Die Neigung, Reviere zu besetzen und zu verteidigen
- Die Fremdenscheu
- Die Intoleranz gegenüber Abweichungen von der Gruppennorm

All dies würde indessen zwar zum Streit, nicht aber zum Krieg führen. Krieg setzt Planung und Führung voraus, er muss propagandistisch aufgebaut werden. Oft sind es der Ehrgeiz und das Machtstreben Einzelner, die die Truppe in Bewegung setzen. Dergleichen Menschen finden sich an der Spitze sowohl von Diktaturen als auch Demokratien, wie beispielsweise die Kriege der Gegenwart unschwer erkennen lassen.

Mit Kriegen sind immer bestimmte Ziele verfolgt worden. Der Krieg führt letztlich zur Dominanz einer Gruppe über eine andere, was oft die Vernichtung der unterlegenen Gruppe (bis zum Völkermord) zur Folge hatte. Auch heute führt die Niederlage einer Gruppe regelmäßig zu deren Vertreibung. Landnahme und territoriale Abgrenzung sind geschichtlich nachweisbare Konsequenzen. Gruppen sichern sich damit mittels Gewalt ihre Existenzgrundlage. So kämpfen die Rinderhirtenvölker wie etwa die Himba in Südwestafrika gezielt um den Zugang zu Wasserlöchern, um Weiden, und sie rauben einander schließlich auch die Rinder.

Neben Landnahme kann es sich natürlich auch um andere Ressourcen handeln. Bei den Beduinen geht es um Kamele, bei den Irokesen um Felle. Um Ölfelder und Erzlagerstätten geht es u. a. in den modernen Kriegen, wie dies uns augenblicklich am Persischen Golf vor Augen geführt wurde. Wer diesen instrumentalen Charakter des Krieges nicht wahrhaben will, wird keine konstruktiven Beiträge zur Befriedung der Welt leisten können. Wer den Krieg einfach als pathologische Entartung abtut, was beispielsweise der Meinung vieler Menschen insbesondere nach dem 2. Weltkrieg entsprach, erfüllt nicht die Voraussetzungen zur Friedensstiftung.

Die Funktionen, die der Krieg bisher erfüllte, müssen klar erkannt werden, um sie angesichts der modernen Massenvernichtungswaffen auf andere, unblutige und vielleicht auch menschlichere Weise wahrzunehmen.

St. Milgram (USA) konnte Anfang der 1960er Jahre in Versuchen zeigen, wie ganz normale Menschen in Scheinexperimenten (über deren Absichten sie also nicht informiert waren) in der ihnen zugewiesenen Rolle von Lehrern unter dem autoritären Druck des Versuchsleiters zu Strafmaßnahmen in

Form von Elektroschocks griffen, die ohne weiteres zum Tod der in der Scheinrolle von Schülern agierenden Personen geführt hätten. Vor und während eines Krieges werden ähnliche Mechanismen mobilisiert. Die Nachricht, die Milgram seiner Arbeit 1966 anfügte, mahnt zum Nachdenken:

„Mit betäubender Regelmäßigkeit sah man gute Leute sich den Forderungen der Autorität unterwerfen und Handlungen ausführen, die gefühllos und hart waren. Menschen, die im Alltagsleben verantwortungsbewusst und anständig waren, wurden durch die Aufmachung der Autorität (oft genügte schon der weiße Kittel des Versuchsleiters) und von der kritiklosen Übernahme der vom Versuchsleiter gesetzten Definition der Situation (‚dies ist ein wissenschaftlicher Versuch, der nicht einfach abgebrochen werden kann') dazu gebracht, grausame Taten zu begehen."

Was treibt Menschen zur Niedertracht? Es ist die Macht der Umstände, sagt der Sozialpsychologe Philip Zimbardo. In seinem Buch *The Luzifer Effect* legt er die Gründe dar.

Zimbardo hat 1971 ein Experiment durchgeführt, bei dem er herausfinden wollte, welche prägende Macht Institutionen wie Haftanstalten über den Menschen haben. 15 Studenten, die sich freiwillig gemeldet hatten, hat er als Versuchspersonen im Keller eines Versuchsdepartements eingekerkert. Sie sollten 14 Tage lang in einem simulierten Gefängnis Wärter und Insassen spielen.

Die per Los ausgewählten Wärter bekamen Uniformen, Handschellen und verspiegelte Sonnenbrillen. Die „Gefangenen" hatten ein langes, weißes Hemd an, sonst nichts. Am ersten Tag verlief alles ruhig – die Insassen mussten ein paar Liegestützen machen, das war es.

Am nächsten Tag rebellierten einige Gefangenen. Sie protestierten, rissen sich die aufgenähten Nummern ab und verbarrikadierten sich. Die Wärter holten sich Verstärkung und unterdrückten den Aufstand. Von da ab betrachteten sie die Insassen als gefährlich und zeigten sich erfindungsreich, sie moralisch zu brechen. Sie nahmen z. B. bei Widerspruch die Betten weg und weckten sie nachts mehrfach zum Drill. Sie verweigerten ihnen das Essen, legten ihnen Handschellen an und steckten sie in eine Kammer. Sie zwangen sie, sich nackt auszuziehen und machten sich über ihre Geschlechtsorgane lustig. Mehrere Gefangene erlitten Nervenzusammenbrüche. Die Situation begann auch vom Versuchsleiter Besitz zu ergreifen – er agierte wie ein Gefängnisdirektor. Nach seinem Bekunden war es fürchterlich.

Limbardo erklärt sich dieses grausame Handeln, dem ja a priori keine innerliche Neigung zugrunde liegt, wie folgt: Es sind die sozialen Kräfte der Situation, die den Charakter der Probanden beeinflussen. Das Aufsichtspersonal fühlte sich durch die Uniform und die Gefängniskulisse anonymisiert und weniger verantwortlich. Aufgrund des Gruppenzwangs wollte zudem keiner der Wärter aus der Rolle fallen, sie identifizierten sich rasch mit der Gruppe. Langeweile kam hinzu, Böses zu tun bot Ablenkung.
Wie im Milgram - Experiment sind auch in diesem ganz normale, im Alltagsleben anständige Menschen, durch die besondere Situation zu grausamen Taten verleitet worden, man kann auch sagen: die Situation hat das Verhalten gesteuert. Ähnliche Mechanismen dürften bei den Auswüchsen einer solchen Dynamik eine gewichtige Rolle spielen, ob bei den Nazis, ob in Ruanda, ob in Guantanamo oder bei Selbstmordattentätern.
Zimardo fordert mit Blick auf diese Befunde eine Reformation der Rechtssprechung. Die sozialen Ursachen, die böses Handeln fördern, müssen stärker berücksichtigt werden, besser wäre es allerdings, solche Ursachen zu beseitigen und, um der Gerechtigkeit willen, nicht nur den Einzelnen sondern auch die Verursacher in das Urteil mit einzubeziehen. Es kann nicht gerecht sein, dass obere Chargen und Politiker straffrei bleiben, die letztendlich für das Vorgefallene in erheblichem Maße mit verantwortlich sind.
In ihrem Bericht (1964) über die Banalität des Bösen bemerkt Hannah Arendt über den Schreibtischmörder Adolf Eichmann:

„Was er getan hatte, hatte er seinem eigenen Bewusstsein nach als gesetzestreuer Bürger getan. Er habe seine Pflicht getan, wie er im Polizeiverhör und vor Gericht unermüdlich versicherte, er habe nur Befehlen gehorcht, er habe auch das Gesetz befolgt. Das Beunruhigende an der Person Eichmanns war doch gerade, dass er war wie viele und dass diese vielen weder pervers noch sadistisch, sondern schrecklich und erschreckend normal waren und sind.“

Über ähnliche Erfahrungen äußert sich die Schriftstellerin Lea Fleischmann in ihrem Buch *„Meine Sprache wohnt woanders – Gedanken zu Israel und Deutschland“ (2007).* Vor 28 Jahren verließ sie Deutschland als beamtete Lehrerin und wanderte ohne Zukunftspläne nach Israel aus. Warum?

„Meine jüdischen Eltern waren Holocaust-Überlebende, die ersten zehn Jahre meines Lebens verbrachte ich in einem Lager für ‚displaced persons'. Das Deutschlandbild meiner

Eltern war von Konzentrationslagern und Brutalität geprägt. Ich allerdings habe keinen Antisemitismus erlebt, war später in der Frauenbewegung aktiv und konnte mir die Geschichte nicht erklären. Das änderte sich, als ich den Beamtenapparat kennen lernte und eingebunden wurde in Verordnungen und Erlasse, an die man sich zu halten hatte. Hinzu kam der Radikalenerlass und im Rahmen dessen eine für mich unerträgliche Art der Nachforschungen im Privatleben. Mir war klar, wie es zum Holocaust gekommen war.“ Inwiefern? *„Die Leute waren nicht plötzlich verrückt geworden, sondern es gab Regeln und die Bereitschaft, sich darauf einzulassen. Ich dachte mir, kämen heute Radikale an die Macht, die Beamten würden diese Verordnungen wahrscheinlich wieder ausführen.“* Ist dieses Mitläufertum speziell deutsch? *„Ich weiß es nicht. Aber hier fand diese furchtbare Geschichte mit Hilfe des Staatsapparates statt. Das war für mich ausschlaggebend.“*

Es empfiehlt sich, Autoritäten in der heutigen Gesellschaft sehr kritisch zu beurteilen. Denn in der Auseinandersetzung mit dem Mitmenschen bedeuten neben ethischen und ästhetischen Werten auch minderwertige moralische Grundhaltungen eine Chance. Ein Menschentyp, der nicht offen verbrecherisch, aber von unedler Hemmungslosigkeit im Kleinen ist, kommt mitunter besonders schnell zum Erfolg. Er wird zu einer gefährlichen Autorität. Die Hauptgefahr liegt darin, dass ein solcher Typ in der Regel die Gesellschaftsordnung, in der er sich hoch gerangelt hat und die ihn selbst hervorgebracht hat, nicht aufrechterhalten kann. Gelangt er endgültig zur Herrschaft, bricht das Gebäude zusammen.
Zu diesem permanenten, in allen Gesellschaften der Welt vorkommenden Problem wird in Ulrich Wickerts Buch *„Gauner muss man Gauner nennen“* (2007) in deutlicher Weise Stellung bezogen. Besonders lesenswert das Kapitel über *„Moral hat keine Macht“*.

„Mit der Wahrheit in der Politik (…) ist es schlecht bestellt (…). Ein eindrucksvolles Beispiel dafür haben der amerikanische Präsident George W. Bush und der britische Premierminister Tony Blair geliefert, um vor ihren Wählern und Parlamenten den Krieg gegen den Irak zu begründen. Bush und Blair behaupteten, der Irak verfüge über Massenvernichtungswaffen. Und da der Diktator Saddam Hussein diese Waffen nicht zerstören wolle, müsse er gestürzt werden. Dass dieser Grund nur vorgeschoben war, wurde bald offensichtlich. (…) Um die Zustimmung des Sicherheitsrates der Vereinten Nationen für den Angriff gegen den Irak zu erhalten, präsentierte der amerikanische Außenminister Colin Powel am 5. Februar 2003 zahlreiche ‚Beweise‘ für das Vorhandensein von Mas-

senvernichtungswaffen im Irak. Er zeigte sogar ein Röhrchen mit weißem Pulver, das angeblich Milzbranderreger enthielt. Nichts davon stimmte.
Colin Powel hat im Auftrage seiner Regierung gelogen, und nach dem Ausscheiden aus seinem Amt erklärte er öffentlich, diese Rede vor dem Sicherheitsrat sei der ‚Schandfleck meiner Karriere' gewesen."

„Die Weltgeschichte der Lüge" heißt der Untertitel zu dem Buch *„Ich gebe Ihnen mein Ehrenwort"* von Traudl Bünger und Roger Willemsen. Auf diesem Buch basiert das Bühnenprogramm von Dieter Hildebrandt und Roger Willemsen, das in Dialogform seit August 2007 die Gemüter bewegt. Aus dem Inhalt: 200-mal am Tag lügt ein Mensch im Durchschnitt. Die Schlange im Paradies hat damit angefangen, und seitdem können wir nicht mehr aufhören. Die Lüge ist der Kitt der Weltgeschichte. Die Urkunden, die den Kirchenstaat begründet haben und Hamburg zur Hansestadt machten – gefälscht! Kirchenfürsten haben aus Machtgier gelogen und mit Lügen sogar Kriege angezettelt. Da darf auch George W. Bush nicht fehlen: *„Von der britischen Regierung wissen wir, dass Saddam in Afrika in großem Maßstab Uran aufkauft."* – Gelogen!
Das berüchtigte Lager von Guantanamo ist die Folge dessen, dass sich die USA nach den Anschlägen vom 11. September 2001 als Führungsmacht im Kampf gegen die Bedrohung durch den terroristischen Islamismus sehen – als Verkörperung des „Guten", als Vorkämpfer für Freiheit, Demokratie und Menschenrechte und gegen das „Böse". Angesichts der in Guantanamo praktizierten Menschenrechtsverletzungen scheint die Realisierung der oben genannten Ideale noch in weiter Ferne.
Die vom Präsidenten Bush initiierte Moralisierung der Politik enthält die Gefahr, dass der Krieg gegen den Islamismus den Charakter eines Kreuzzugs annimmt, was zu einem archaischen Verständnis von Politik führt und eine politische Lösung des Konfliktes ausschließt. „Auge um Auge, Zahn um Zahn". So stößt ein Kreuzzug auf den anderen – eine ausweglose Situation, da beide auf die Vernichtung des Gegners abzielen. Die USA betrachten die Gegner als Illegale, die nicht unter die Genfer Konventionen fallen. Aus dieser Konstellation versteht sich, dass sogar so etwas wie antiislamischer, antiarabischer Rassismus entstehen kann, der Gefangene für Untermenschen hält und sie dementsprechend behandelt.
Auf dritter Stufe haben wir es mit der auf Vernunft gegründeten Moral der ausgereiften, autonomen Persönlichkeit zu tun. Diese Stufe wird, falls überhaupt, erst im mittleren Erwachsenenalter erreicht. Sie ist gekennzeichnet

durch das Bemühen, moralische Werte zu begründen und Prinzipien zu bestimmen, die über die Gefühle zu anderen Menschen, über die Loyalität zu einer Gruppe, zur Gesellschaft hinausgehen und die eine allgemeine Gültigkeit haben. Auf diesem Niveau wird z. B. erkannt, dass Gesetze nicht bereits deshalb moralisch sind, weil sie eine bestimmte soziale Ordnung aufrechterhalten, sondern dass zu ihrer Bewertung ein prinzipieller moralischer Standpunkt notwendig ist. So haben z. B. Menschen und Positionen gleiche Rechte und Pflichten, die unterschiedslos geachtet werden. Auf dieser Basis wägt die autonome Persönlichkeit ihre internalisierten Werte in rationaler Überlegung ab und gelangt (erst danach) zur Entscheidung.
Die hier aufgezeigten Moralstufen besitzen die Eigentümlichkeit, von jedem Individuum von Kindheit an der Reihe nach erklommen werden zu können, wobei von entscheidender Bedeutung ist, dass das Erreichen einer Stufe notwendige Voraussetzung für das Erreichen der nächsten ist. Keine Stufe kann übersprungen werden. Nur wer beispielsweise gelernt hat - Normen genügend - eine Verpflichtung gegenüber seiner Gesellschaft einzugehen, kann auf der nächst höheren Stufe über die Grenzen dieser Verpflichtung nachdenken.

Zusammenfassung

Der Mensch handelt moralisch aus Gefühl, zu der sich im Laufe der Individualentwicklung stark von Normen geprägte Gewohnheit gesellt, und schließlich handelt er moralisch aus Überlegung. Für die (im folgenden Kapitel näher erörterten Normen) ist die Orientierung am Überlebenswert wichtig. Als Gruppenwesen muss der Mensch das allgemeine Wohl der Gruppe im Auge behalten. Im familiären Kleinverband steht der Heranwachsende aus empfundener angeborener Neigung bei. Sind fremde Gruppenmitglieder im Spiel, treten Schwierigkeiten auf. Sie basieren auf Fremdenscheu, die nur durch besondere Techniken der Erziehung beseitigt werden kann: das familiäre Ethos wird auf die Großgruppe übertragen.
Die von Vernunft gesteuerte Moral ist gekennzeichnet durch ein Überlebensethos, dem Generationen übergreifendes Verantwortungsbewusstsein zukommt. Darin liegt die Chance, dass der Mensch aus Einsicht z. B. mit seinen Ressourcen pfleglich umgeht und eine kooperative Weltgemeinschaft der Völker anstrebt.

Normen

Gibt es für Normen geeignete Auswahlkriterien? Wie verbindlich sind Normen? Die Versuche, die Verbindlichkeit von Normen zu begründen, reichen zurück bis in die Antike. Kant bemühte sich um eine von Vernunft geleitete Moral, indem er fragte, ob man die Leitsätze des persönlichen sittlichen Handelns zum allgemeinen Gesetz erheben könne. Zum allgemeinen Gesetz für *was* und *wen*? muss hier nachgefragt werden. Ist die eigene Gruppe, das eigene Land, die eigene Rasse, die eigene Religion, die eigene Nation gemeint? Je nachdem kommen wir nämlich zu unterschiedlichen Ergebnissen. Die Antwort kann darum nur lauten, Normen zu entwickeln, die eine möglichst universelle Gültigkeit haben, also für alle Menschen gleichermaßen gelten.
So muss es ein Anliegen aller Menschen sein, in der gegenwärtigen Krise alles zu tun, was das Überleben sichert. Hierbei wird es nicht zu vermeiden sein, dass sich Normen widerstreben und zu Konflikten führen. Den Normen, die dem Ganzen (aber nicht auf Kosten anderer) am dienlichsten sind, wäre dann der Vorzug zu geben.
Verdeutlichen wir dies an zwei Beispielen: Unsere in früheren Zeiten adaptive Intoleranz gegenüber Außenseitern ist in unserer pluralistischen Gesellschaft keinesfalls mehr von Nutzen. Gerade von dem genialen Außenseiter empfängt die Gesellschaft viele Impulse.
Eine solche Einsicht befähigt uns, gewissermaßen gegen unsere erste Natur, eine dispositionsbedingte Reaktion, die Außenseiterreaktion, zu unterdrücken und auch auf Dauer wirksam zu kontrollieren. Entsprechend lassen sich angeborene Antipathien gegenüber Fremden abbauen. Diese Beispiele zeigen, dass dem Menschen (im Unterschied zum Tier) die Freiheit gegeben ist, Normen auszutauschen, seien es (natürlicher Neigung folgend) kulturelle gegen verhaltensbiologische (z. B. sich dem Tötungsgebot im Krieg durch die angeborene Tötungshemmung zu widersetzen), seien es, wie oben dargestellt, verhaltensbiologische gegen kulturelle kraft Einsicht, jeweils nach Maßgabe einer Ethik, die die Existenzgrundlagen vorrangig sichern. Dies erfordert ein Höchstmaß an Vernunft, also ein Höchstmaß an Erkenntnisvermögen, das nicht, wie der Verstand (Intelligenz), auf die Erkenntnis des Einzelnen, sondern auf den totalen Zusammenhang der Erscheinungen gerichtet ist und das Einzelne aus diesem Zusammenhang oder aus universellen, systematisch geordneten Prinzipien heraus begreift; nach Kant das Vermögen,

aus *eigenen* Grundsätzen zu urteilen oder zu handeln. Dies ist (am Rande bemerkt) die Voraussetzung für Weisheit, die, unter sozialen Gesichtspunkten, in besonderer Weise auf die Balance zwischen dem Wohl des Einzelnen und dem Wohl der Gemeinschaft achtet.
R. Riedl (1980) bemerkt hierzu:

„Was (...) ist Vernunft? Der Begriff hat sich (…) gewandelt. Etwa in der Art, wie unsere Achtung vor der Vernunft mit dem Wachstum ihrer Ansprüche gestiegen ist. Im Alt- und Mittelhochdeutschen bezeichnet er die Tätigkeit des Vernehmens, sinnliche Wahrnehmung, Verständnis, Einsicht. Die Scholastik unterschied dann zwischen sensatio, ratio und intellectus, was etwa Wahrnehmung, Begriffsfassung und Ideenbildung entspricht. Eckart übersetzte ratio, Kant dagegen intellectus als Vernunft. Heute verstehen wir darunter Besonnenheit, Einsicht, Geist und Intelligenz.
Das Vernünftige liegt (...) im Lebenserfolg in einer positiven Bilanz von Erfolg und Misserfolg. So ist es, wie jeder weiß, sehr unvernünftig, nur hinter Büchern zu sitzen oder nur Sport zu betreiben (wiewohl ein jedes für sich erfolgreich), weil doch Verdacht besteht, dass es den Lebenserfolg im Ganzen schmälern könnte. Und den Lebenserfolg fördert, was einen Gewinn an Sicherheit, Kraft und Gesundheit, Voraussicht, Wissen und Weisheit, an Reserve, Einfluss und Macht verspricht, um das eigene Leben, und was immer das bestimmen mag, das der Gruppe, Gesellschaft, Menschheit und Biosphäre, gedeihlicher oder gewisser zu machen.“

Wichtig ist die Erkenntnis, dass es (im Gegensatz zu so mancher Definition der Vernunft) ein Gebot der Vernunft ist, Emotionen Raum zu geben, denn für die Wertung der Produkte unserer geistigen Tätigkeiten sind diese unerlässlich.
Die Vernunft ist das Produkt kultureller Evolution. Für sie ist kennzeichnend, dass sie Traditionen bildet, die nicht angeboren sind, sondern durch Unterricht und Nachahmung weitergegeben werden. Der Mensch ist nicht von Geburt aus weise und gut, sondern muss gelehrt und diszipliniert werden, um weise und moralisch zu werden. Und es war sicherlich nicht so, dass seine Intelligenz ihn fähig gemacht hätte, die Moral zu erfinden, die die Ordnung der Großgesellschaft hervorgebracht hat; sondern diese große Struktur war es, die ihm durch die Moral, der er sich unwissentlich unterworfen hat, ermöglichte, Wissen zu erwerben, das ihm immer mehr Macht über seine Umgebung gab. Es hat die kulturelle Entwicklung das gebildet, was wir heute Vernunft nennen, und nicht die Vernunft die kulturelle Entwicklung gelenkt.

Im folgenden Zitat (siehe Kuschel, 2007) soll verdeutlicht werden, wie der Begriff der Vernunft zur Rechtfertigung und Verdeutlichung religiöser Vorstellungen auf unverdient negative Weise verwendet werden kann. Nicht Vernunft ist gemeint, sondern Verstand. Ratzinger wörtlich:

„Der Mensch ist nun imstande, Menschen zu machen, sie sozusagen im Reagenzglas zu reproduzieren. Der Mensch wird zum Produkt, und damit verändert sich das Verhältnis des Menschen zu sich selbst von Grund auf. Er ist nicht mehr ein Geschenk der Natur oder eines Schöpfergottes; er ist sein eigenes Produkt. (...) Zweifel an der Verlässlichkeit der Vernunft sind somit angebracht. Schließlich ist ja auch die Atombombe ein Produkt der Vernunft; schließlich sind Menschenzüchtung und -selektion von der Vernunft ersonnen worden."

Die Atombombe ein Produkt der Vernunft? Hier wird ein für die Geistesgeschichte der Menschheit wichtiger Begriff auf opportunistische Weise pervertiert. Selbstredend ist es auch ein Anliegen der Vernunft, nach der lange im Vordergrund stehenden Frage, was wir *wissen können*, die Frage nach dem, was wir *tun sollen*, zu stellen. Prominente Vertreter der Kernphysik, der Naturwissenschaften und Astronomie sind es, die auf solche Fragen eine Antwort suchen. Das Kernanliegen ist ja: wie können wir lernen, mit der Macht, die uns die Wissenschaft gibt und die zum Guten und Bösen eingesetzt werden kann, einigermaßen fertig zu werden? Ohne Frage erfordern große Entdeckungen auch besondere moralische und ethische Kräfte. Ohne diese Kräfte dürften wir Wissenschaft nicht betreiben und ohne sie wäre Wissenschaft für den Menschen nicht akzeptabel. Solche Hinweise beinhalten vorrangig einen Appell an einzelne Forscher. Doch genügt das?

Bei der Frage, was wir tun sollen, berühren wir (einmal mehr) das Gebiet der Ethik, die ein Anliegen aller Menschen, nicht nur der Naturforscher ist. Recht handeln, nicht nur sachlich richtig handeln, heißt sich nach ethischen Grundsätzen orientieren. Ethik hängt aber wieder mit dem Gewissen zusammen und dem damit verbundenen Wissen um Gut und Böse.

Dieses Wissen um die menschliche Möglichkeit, gut, schlecht oder böse zu handeln, ist ein Urphänomen des Menschen und seiner Geschichte in allen Kulturkreisen (siehe *„Das Projekt Weltethos"*, IX. Kapitel des Buches *„Denkwege"* von Hans Küng, 1990). Ethik verweist aber auch auf die religiöse Wurzel des menschlichen Daseins, auf das rechte Welt- und Menschenbild, nach dem Homo sapiens sich zu richten und zu entscheiden hat. Aber auch die religiösen Wurzeln müssen, wie die naturwissenschaftlichen Erkenntnisse, hinterfragbar sein. An die moralische Rechtfertigung beispielsweise der Kreuzzüge sei hier erinnert.

Die Frage nach Ethik und Moral mit Blick auf neue Erforschungen und Entdeckungen ist aktueller denn je. Das dürfte klar sein: Naturwissenschaft ist kaum imstande, aus eigenen Methoden ethische Grenzen und Ziele abzuleiten. Daraus ergibt sich allerdings nicht automatisch ein Deutungsmonopol in ethischen Fragen für Gruppierungen außerhalb der Naturwissenschaft. Hier geht es zunächst um die Urteilskompetenz des Einzelnen; sie ist vorrangig gefragt. Sie ist die Grundvoraussetzung für mehrheitliche Abstimmungen in Fragen der Moral. Diese Urteilskompetenz des Einzelnen steht unter dem Anspruch, dass moralische Aussagen vernünftig begründet sein müssen. Insofern gilt das auch für ein religiös begründetes Ethos, das sich, wie oben schon vermerkt, der Pflicht unterziehen muss, die eigenen Aussagen vernünftig zu begründen und darzulegen, inwiefern moralische Gebote notwendige Schritte zu einem besseren Menschen sind. Was trägt zur Urteilskompetenz des Einzelnen bei? Es ist das, was wir Bildung nennen. Bildung ist etwas, das Menschen mit sich und für sich machen. Man bildet *sich*. Ausbilden können uns *andere*, doch bilden kann jeder nur *sich selbst*. Eine Ausbildung durchlaufen wir mit dem Ziel, zu etwas Bestimmten *befähigt* zu sein. etwas Bestimmtes *tun* zu können, so z. B. ein bestimmtes Handwerk zu beherrschen. Bildung dagegen hat die geistige und innere Formung der eigenen Persönlichkeit in ihrer Gesamtheit zum Ziel, mit dem Bestreben, auf eine bestimmte Art und Weise in dieser Welt zuhause zu sein.

Vorraussetzung für Bildung ist Neugierde. Sie ist der Wunsch nach Kenntnisvielseitigkeit, also zu erfahren, was es alles in der Welt gibt. Sie kann in verschiedene Richtungen gehen: hinaus ins Weltall zu den Gestirnen, hinunter zu den Atomen, hinein in die Vielfalt lebender Systeme mit Blick auf ihre oftmals phantastische Komplexität, beispielsweise des menschlichen Gehirns als das differenzierteste Organ, das wir kennen, zurück in die Geschichte von Weltall, Erde und menschlicher Gesellschaft, nach vorn zu den oben gestellten Fragen, wie es mit unserem Planeten angesichts der schier ins Unendliche wachsenden technischen Möglichkeiten des Menschen weitergehen kann. Bei Bildung geht es stets um Dreierlei: 1. in Erfahrung zu bringen, *was* der Fall ist (Befriedigung der Neugierde) und 2. zu verstehen, *warum* es der Fall ist (kritisches Hinterfragen) und 3. schließlich, welcher *Sinn* dahinter steckt (Bemühen um philosophische Erkenntnis). Zur Zukunftsbewältigung ist also die Bildung des Einzelnen mit der darauf gründenden Urteilskompetenz sehr gefragt, ja, sie ist unabdingbar, sie tut (und zwar weltweit) dringend Not.

Zurück zu den Normenkonflikten. Auch bei Tieren kann es zu solchen kommen, zum Beispiel wenn ein Muttertier von einem Fressfeind bedroht wird und flüchten möchte, gleichzeitig aber vom Drang bewegt wird, die Jungen zu verteidigen. Der stärkere Antrieb gewinnt dann die Oberhand. Das Tier gehorcht seiner jeweils stärkeren biologischen Neigung. Es überwindet sich nicht aus Einsicht und Vernunft und kann nicht (wie der Mensch) gegen eine Trieb fundierte Neigung handeln.
Gott hat uns mit Freiheit, Vernunft und Selbstverantwortung ausgestattet und uns in gleichem Maße von Notwendigem befreit. In diesem Punkte, wenn auch noch so dürftig und unvollkommen, sind wir Gott gleich. Die Bibel spricht von dem einzigartigen und wesenhaften Abbild und Ebenbild Gottes, freilich nicht nur als Geschenk, sondern auch als Aufgabe und Verpflichtung („Werde, was du bist"). Ein göttlicher Funke wirkt in uns. Diese Metapher des „göttlichen Funkens" ist von Michelangelo in dem Gemäldeausschnitt „Erschaffung Adams" in der Sixtinischen Kapelle in Rom in unvergleichlicher Weise ins Bild gesetzt worden. Die Darstellung lässt uns erahnen, dass wir über unsere Erschaffung hinaus zu einem, wenn auch winzigen, Teil Gottes geworden sind und uns damit Ewigkeit und Unsterblichkeit zukommen.

Wär' nicht das Auge sonnenhaft,
Die Sonne könnt' es nie erblicken;
Läg' nicht in uns des Gottes eigne Kraft,
Wie könnt' uns Göttliches entzücken?
Johann Wolfgang Goethe: „Zahme Xenien III"

Mit dem „göttlichen Funken" ist der Keim unseres spezifischen Bewusstseins gelegt worden. Wären wir ausschließlich von Reflexen und Instinkten gesteuerte Lebewesen, wir lebten in bewusstloser Geborgenheit, hätten dafür aber nicht die Möglichkeit, Erfahrungen zu sammeln und zu werten, ob sie als positiv oder negativ, nach- oder vorteilhaft, lust- oder unlustbetont in der Erinnerung haften geblieben sind und von daher zukünftig zu meiden oder anzustreben seien.

Ich-Bewusstsein

Mit dem Funken des Bewusstseins schält sich aus der objektiven Realität eine subjektive Wirklichkeit, ein Ich-Erleben heraus, und dieses ist wiederum die Voraussetzung für ein Ich-Bewusstsein, also für die Reflexion über das eigene subjektive Erleben. Diese Fähigkeit kommt nach heutigem Kenntnisstand mit Sicherheit dem Menschen, mit großer Wahrscheinlichkeit auch den nächst verwandten Primaten zu. Ein Hund z. B. hat in seiner Fähigkeit zu leiden oder sich zu freuen, ein dem Menschen sehr ähnlich erscheinendes Ich-Erleben, wofür auch die anatomische und physiologische Übereinstimmung der dafür in Betracht kommenden Gehirnstrukturen (z. B. das Limbische System) spricht. Ein Ich-Bewusstsein hat der Hund aller Wahrscheinlichkeit nach nicht, und so ist es ihm verwehrt, beispielsweise zwischen gut und böse zu unterscheiden. Letzteres vermögen – unter Einsatz eines mal guten, mal schlechten Gewissens – nur höhere Primaten. Es ist dies der „Preis“ für Freiheit.

Die folgende bemerkenswerte Begebenheit in der Primatenabteilung des Baseler Zoos gibt Aufschluss über die Beschaffenheit des Bewusstseins bei Schimpansen. Einem Fernsehkamerateam war die Aufgabe gestellt worden, bestimmte Verhaltensweisen der Primaten aufzuzeichnen. Während die hierfür erforderlichen Vorbereitungen getroffen wurden, geschah etwas, was keiner geplant und niemand erwartet hatte. Die alte Schimpansendame Xindra verfolgte aufmerksam, wie der Kontrollmonitor aufgestellt und die Verbindungskabel zur Kamera installiert wurden.

Volker Arzt und Immanuel Birmelin (1993) schildern in ihrem Buch *„Haben Tiere ein Bewusstsein?“* das überraschende Geschehen wie folgt:

„Zufällig stand die Kamera so, dass sie auf Xindra gerichtet war, und zufällig stand der Monitor so, dass Xindra sich auf dem Schirm sehen konnte. Aber diese Zufälle gaben Anlass zu einer Vorführung, die denen, die dies wahrnahmen, den Atem anhalten ließ. Gebannt starrte Xindra auf das Fernsehbild, nur sachte den Kopf wiegend. Dann wechselte sie zielstrebig ihre Position, um einen Blick hinter den Fernsehapparat werfen zu können. Aber da war niemand – und schon gar kein Schimpanse.

Xindra nahm ihren alten Platz wieder ein, und dort begann sie unvermittelt mit den Armen zu winken. Auf dem Bildschirm winkte es zurück. Xindra wollte es genauer wissen. Sie führte einige gekünstelte Verrenkungen durch. Der Bildschirm gab auch diese wieder. Schließlich steigerte Xindra ihre Testbewegungen zu einer grotesken Akrobatiknummer.

Sie stützte sich auf ihre kräftigen Arme und schwang den gesamten Körper zwischen den Armen hindurch wie eine Schiffsschaukel vor und zurück. Dabei ließ sie den Fernsehapparat keine Sekunde aus den Augen. Das Ganze wirkte ungeheuer komisch, aber seltsamerweise lachte niemand. Im Gegenteil, wir wagten kaum zu flüstern, so eindrucksvoll und rührend war Xindras Experiment zur Selbsterkenntnis. Als ihr Gegenpart im Fernsehen die gleiche Shownummer absolvierte, löste sich ihre Spannung sichtbar. Sie musste erkannt haben, dass es ihr eigenes Bild war.“

Mittlerweile gibt es eine Reihe vergleichbarer Experimente, die durchweg das gleiche Ergebnis haben: Aufdeckung eines Ich-Bewusstseins bei Menschenaffen. Der weltbekannte Rabenforscher Bernd Heinrich hält Dohlenraben für ähnlich intelligent wie Schimpansen. Ob indessen diese Vögel auch über ein Selbstbewusstsein verfügen, ist ungewiss. Die Beobachtungen von Raben bei der Futtersuche lassen aber zumindest ein Denken in Zusammenhängen erkennen. Bernd Heinrich (2007):

„Sechs junge Raben aus zwei unterschiedlichen Nestern waren 2003 so weit, dass sie unsere Versuchstiere wurden. Wir knüpften eine Schnur an eine Sitzstange und schlangen sie über einen Draht oberhalb der Stange. Die Schnur hing auf der anderen Seite herunter. Wenn der Rabe die Schnur diesseits des Drahtes zu sich runterzöge, würde ein jenseits des Drahtes am Schnurende befestigtes Stück Fleisch hoch kommen und direkt an der Sitzstange vom Raben ergriffen werden können.“

Und tatsächlich, Raben können die Situation, die es in vergleichbarer Weise in der Natur nicht gibt, spontan erfassen, ziehen die Schnur mit dem Schnabel ein Stück hoch, halten das hoch gezogene Teil der Schnur mit dem Fuß fest, ziehen, wiederholen das so lange, bis sie das Fleisch oben haben. So etwas ist nicht instinktives, sondern intelligentes Handeln. In anderen Versuchen zeigen Raben, dass sie sich in das Innenleben von Artgenossen einfühlen können, dass sie Informationen voreinander verbergen, einander übers Ohr hauen, lügen und noch einiges mehr. Erstaunlich für den Forscher ist, dass Schimpansen und Kolkraben, Säuger und Vögel, die in der Evolution völlig unterschiedliche Wege der Strukturierung des Gehirns erfahren haben, zu ähnlichen Leistungen fähig sind.

Selbstbewusstsein bildet sich erst im Verlauf der Persönlichkeitsentwicklung heraus; das Kleinkind lebt noch in ungetrennter Subjekt – Objekt – Einheit. Langsam entwickelt es sich zum selbständigen Subjekt. In der Erfahrung von

Erfolg und Misserfolg entsteht Selbstbewusstsein in dem Maße, in dem Selbstbild und Wunschbild sich entsprechen. Dies bedarf der näheren Betrachtung. Unser Vorstellungs- und Denkapparat leistet nicht alles Beliebige, was wir von ihm wünschen möchten: Er behält nicht alles, was wir gerne im Gedächtnis besäßen, und ist oft nicht umsichtig genug, nach allen Informationen zu fahnden, die wir zur Lösung von Problemen gebrauchen könnten. Aber trotz seiner Begrenztheit leistet der menschliche Vorstellungs- und Denkapparat, der sich im Evolutionsschritt der Menschwerdung gebildet hat, etwas ganz Besonderes: Er bildet ein Vorstellungsbild von uns selbst. Dies wiederum ist die funktionelle Voraussetzung für die Fähigkeit, sich mögliches eigenes, zukünftiges Verhalten vor sein geistiges Auge zu führen und es mit Normen oder Wertvorstellungen in Beziehung zu setzen, so dass sich aus dieser „Datenverarbeitung" eine Entscheidung herausschält und das Verhalten steuern kann. Diese Art der Verhaltenssteuerung kann so zuverlässig ablaufen, dass man einen Mitmenschen, der nach diesem Prinzip handelt, in seinem Verhalten durchschauen und ihm daraufhin voll vertrauen kann. Das Zusammenbringen dieses Selbstbildes mit einem Normen gesteuerten Wunschbild ist Kernstück des Selbstbewusstseins. So zeigt sich während der Ontogenese des Menschen, Phasen der stammesgeschichtlichen Entwicklung nachvollziehend, auch die Entwicklung des Selbstbewusstseins in Stufen, wie dies in vergleichbarer Weise für die Moral zutrifft. Sitz des Bewusstseins, so auch des Selbstbewusstseins, ist das Gehirn.

So nimmt es nicht Wunder, dass Wissenschaftler unserer Tage sich über Bewusstseinsvorgänge mit Hilfe neurophysiologischer Methoden Einsicht verschaffen wollen. Mit Bild gebenden Verfahren wie der Positronenemissionstomographie, bei denen Probanden eine schwach radioaktive Salzlösung als Markierung ins Blut gespritzt wird, können die Wissenschaftler lebenden Hirnen bei der Arbeit zusehen. In den Bereichen, die besonders aktiv sind, ist die Durchblutung erhöht, weshalb das Messgerät von dorther stärkere Strahlung empfängt und sie auf einem Monitor anzeigt. So ist es beispielsweise möglich geworden, Menschen beim Lernen einer Fremdsprache in den Kopf zu blicken und die beteiligten Hirnregionen sehr genau, bis auf den Millimeter genau, zu vermessen. Die Entstehung und Dramatik von Träumen sind entsprechend im Gehirn lokalisierbar, wie auch die aktiven Gehirnareale Schizophrener, wenn sie Wahnstimmen hören, auslotbar sind. Das neueste Untersuchungsgerät, der transkraniale Magnetostimulator, erlaubt den Neurobiologen, ohne die Schädeldecke öffnen zu müssen, auf laufende

Hirnfunktionen Einfluss zu nehmen. Kräftige Magnetfelder vermögen bestimmte Hirnregionen abzuschalten.

Über die Folgen solcher Maßnahmen können die Probanden bei vollem Bewusstsein berichten. Mitunter erleben sie Gespenstisches: sie können normal sehen, fühlen, sprechen, sind aber z. B. nicht mehr in der Lage, an zwei Stäben einen einfachen Größenvergleich vorzunehmen. Untersuchungen an den Gehirnen von Tieraffen, Katzen und Frettchen haben den Neurobiologen besonders tiefe Einblicke verschafft. Mittels Elektroden in den Köpfen der Tiere konnte die Tätigkeit der Gehirne bis auf das Niveau der Neuronen erfasst werden. Bei Schimpansen gibt es Hirnzellen, die tätig sind, wenn das Gehirn sich mit Vergangenem befasst und solche, deren Anliegen allein die Zukunft ist. Viele Neurowissenschaftler ziehen daraus den Schluss, dass allen Gehirnaktivitäten, selbst dem Bewusstsein, nur chemische und elektrische Vorgänge zugrunde liegen. Ob Angst, Durst oder Liebe, alle solche Empfindungen könne man einer Hirnfunktion zuordnen. Neurowissenschaftler wie Singer und Roth verwenden, wie an anderer Stelle ausführlich dargelegt wurde, die Formulierung: Alle Hirnprozesse sind letztendlich auf physikalisch – chemische Funktionen zurückzuführen (s. Wolf Singer ‚2004: *Verschaltungen legen uns fest. Wir sollten aufhören, von Freiheit zu sprechen)*. Es ist aus systemtheoretischen Gründen zu bezweifeln, dass der von Singer und Roth in so extremer Weise vertretene Reduktionismus uns der Wahrheit näher bringen wird.

Die messbaren Funktionen stellen immer nur naturwissenschaftliche Teilaspekte der spezifischen Emotionen dar. Deren subjektive Gegebenheiten können durch Methoden wie die dargelegten in ihrer spezifischen Systemeigenschaft nicht, auch nicht annähernd, erfasst werden. Wir sind mehr als die Architektur des Gehirns, mehr als die naturwissenschaftlich erfassbaren Stoffe, die durch unsere Köpfe strömen, mehr als die Synapsen in den Nervennetzen. Doch ohne sie käme unser Seelenleben nicht zustande.

Der Evolutionsbiologe und Wissenschaftstheoretiker Franz M. Wuketits von der Universität Wien übt sich in seinem Buch *„Der freie Wille“* ebenfalls in ontologischem Reduktionismus. In einem Interview in der Süddeutschen Zeitung vom 17.08.2007 antwortet er auf die Frage: *Hat der Mensch Ihrer Meinung nach einen freien Willen?* apodiktisch mit *nein.* Wir haben, so seine Meinung, nur die Illusion eines freien Willens. Eine Illusion, die sich im Verlauf der Evolution beim Menschen entwickelt hat. Wuketits behauptet nicht, dass es keinen Willen gebe, nur dass dieser frei sei, wird von ihm bestritten. Auch seinem Kater billigt er einen Willen zu, nur eben keinen freien. Seine Begründung:

„Das Geheimnis des menschlichen Geistes ist im Wesentlichen entschlüsselt. Nicht zur Gänze. Aber aus evolutionstheoretischer Sicht besteht kein Zweifel daran, dass das, was Sie als Geist bezeichnen, dem Gehirn entspringt, beziehungsweise eine Systemeigenschaft des Gehirns ist. Wir sprechen hier von hochkomplizierten, neuronalen Mechanismen, die unter bestimmten Rahmenbedingungen zu verschiedenen Bewusstseinszuständen führen."

Für Wuketits ist auch die Moral nur die Summe aller Regeln, die dazu dienen, eine Gesellschaft zu stabilisieren.

„Die Existenz eines freien Willens ist (…) keine notwendige Voraussetzung für moralisch richtiges Handeln. (…) Wir brauchen, um uns moralisch zu verhalten, weder den freien Willen, noch eherne Sittengesetze. Es genügen die Selbstregulationsmechanismen unserer Gesellschaft."

Indessen lassen sich Selbstregulationsmechanismen auch in Tiergesellschaften nachweisen. Nach Wuketits dürfte es in den Gesellschaften hier wie dort keine prinzipiellen Unterschiede geben, im Gegensatz zu Konrad Lorenz, der sehr wohl zwischen der Moral des Menschen und dem moralanalogen Verhalten der Tiere unterschied. Bei Tieren in geselligen Verbänden, so hat Lorenz herausgefunden, sind Verhaltensweisen etabliert, die reflektorisch Aggression hemmen und ihrer Funktion nach dem moralischen Verhalten analog sind. Tieren kann jedoch (im Kantschen Sinne) keine auf Bewusstsein basierende Maxime zugeschrieben werden. Es geht um instinkthafte Reaktionsweisen, die innerhalb des Verbandes artspezifisch wirken. Bei Rhesusaffen ist die aggressive Ausgrenzung von Rivalen zugelassen, befindet sich jedoch ein Tier in Lebensgefahr, eilt ihm die Gruppe zu Hilfe. Bei Kolkraben ist zu beobachten, dass die Ausbildung einer gefährlichen Bewaffnung, ihres Schnabels, mit einer ebenso starken Hemmung, ihn einzusetzen, einhergeht. Die Demutshaltung von Hunden schließlich löst eine starke Tötungshemmung aus und beendet den Kampf der Rivalen unblutig. Wir haben es, wie gesagt, mit moralanalogen Verhaltensweisen zu tun, die in einem gewissen Umfange auch beim heutigen Menschen noch zu finden sind. Man denke z. B. an die gefühlsmäßigen Reaktionen, die einer Tötung entgegenstehen. Diese stellen Instinkt gesteuerte Manifestationen eines stammesgeschichtlich alten Erbes dar, zu deren Unterdrückung es deshalb in modernen Kriegen eines besonders hohen Aufwandes bedarf. Wuketits verkennt offenbar erneut (wie im Falle seiner Äußerungen über den Geist), dass es sich bei seinen Auslassungen über die Moral um naturwissenschaftliche Teilaspekte handelt, die die angesprochenen Sachverhalte nicht umfassend erklären.

9. Resümee

Diese Ausführungen widerlegen gewiss nicht rundum die von Libet angestoßenen und von vielen seiner Fachkollegen vollzogenen Schlussfolgerungen aus seinen Experimenten, lassen es aber (nach sorgfältigem Abwägen der Argumente für und wider eine Vorausbestimmung) eher als unwahrscheinlich erscheinen, dass das Weltgeschehen in seinem gesamten Ablauf, so auch in lebenden Systemen, sich auf festen Bahnen vollzieht.

Es hat sich gezeigt, dass die Frage nicht eindeutig zu beantworten ist, ob unsere bewusst gewollten Handlungen völlig von Naturgesetzen determiniert sind, die die Aktivitäten von Nervenzellen im Gehirn beherrschen, oder ob Handlungen und die bewussten Entscheidungen, diese zu vollziehen, wenigstens teilweise unabhängig vom Determinismus auf der physikalisch-chemischen Ebene vonstatten gehen können. Neigt ein Wissenschaftler zur ersten der Optionen, bringt er damit zum Ausdruck, dass er bereit ist, die Willensfreiheit als nicht existent anzusehen, dass sie eingebildet sei. Träfe dies zu, hätte es, wie in der Einleitung angedeutet, umfassende Konsequenzen beispielsweise für unser gesellschaftliches Zusammenleben, so etwa für unsere Auffassung von Recht und Gerechtigkeit. Tendiert ein Wissenschaftler zur zweiten der Optionen, bejaht er einen mehr oder weniger großen Spielraum zur Entfaltung von Willensfreiheit.

Das Heisenbergsche Unbestimmtheitsprinzip schließt aus, dass wir ein vollständiges Wissen über die grundlegenden subatomaren Aktivitäten haben. Die Quantenmechanik lässt uns keine andere Wahl als mit Wahrscheinlichkeiten zu operieren, anstatt wissenschaftlich exakte Aussagen über die Vorgänge im Mikrokosmos zu machen.

An diesem Sachverhalt hat sich die Frage entzündet: „Würfelt Gott?“

Sie ist wissenschaftlich nicht zu beantworten, wie auch der Zufall (die Grenzen unseres Wissens markierend) sich einer exakten wissenschaftlichen Definition entzieht. Einige Physiker, darunter auch Einstein, konnten sich mit dieser Einschränkung nie wirklich anfreunden. Einstein meinte dazu: „Gott würfelt nicht!“. Er konnte sich nicht damit abfinden, dass die Natur sich nicht ganz entschleiern lässt und dass wir sie somit nicht vollkommen beschreiben können. Mit anderen Worten: Einstein wollte nicht an Zufälle im Sinne von Willkürlichkeit glauben. Er war vielmehr der Ansicht, die Welt hätte ihre konkrete Ordnung und ihre konkreten Abläufe.

Nach der Chaostheorie kann ein noch so unbedeutendes Vorkommnis das Verhalten eines ganzen Systems auf nicht voraussagbare Weise verändern. Das Beispiel des Doppelpendels verdeutlicht, dass die Anfangsbedingungen bei noch so vielen Versuchen aus theoretischen wie auch praktischen Gründen nie völlig identisch hergestellt werden können. Bis zum Ende alle Zeiten wird es darum bei solchen Versuchen keine übereinstimmenden Kurvenverläufe geben. In den vorliegenden Ausführungen hat besonderes Gewicht die Erkenntnis, dass es im Weltgeschehen keine Wiederholungen gibt. Alle Ereignisse schlingen sich um den in die Zukunft gerichteten Zeitpfeil wie eine Spirale, weswegen alle Abläufe, und seien sie absolut determiniert, (für uns Menschen wenigstens) im Ergebnis offen sind. Dieser Sachverhalt verdient ausführlichere Betrachtung.
Das altgriechische panta rhei ist vielleicht der Schlüssel zu allen angeschnittenen Problemen: Kausalität bedingt Determination, gleichwohl gibt es keine Wiederholungen im Weltgeschehen, auch die Ursachen sind nie identisch, sie gleichen sich eben nur, sind nie dieselben, stellen somit Singularitäten dar; die Zukunft ist offen. Schließt dieser Sachverhalt Spielräume für Freiheit ein? Es sei an Heraklit erinnert. In der Bewegung des Werdens, im „Prozess“, also im „Vorwärtsschreiten“, sah Heraklit ein Stück vom Wesen der Welt.

„Den in dieselben Flüsse Steigenden strömen andere und immer wieder andere Wasserfluten zu. (…) In dieselben Flüsse steigen wir und steigen wir nicht, wir sind und wir sind nicht“,

d. h. so wie zwar beispielsweise der Fluss Kayster (an dem Ephesos liegt), derselbe bleibt, aber seine Wassermassen unaufhörlich wechseln, so sind wir zwar heute nach Namen und Art die gleichen wie gestern, aber unsere Stoffe wechseln unablässig, und darum sind und werden wir zugleich.
Schließlich ging es um erkenntnistheoretische Probleme. Zum einen ist der Unterschied zwischen den beiden Begriffen Realität und Wirklichkeit dargelegt worden, zum anderen ging es um die Frage, wie wir überhaupt Erkenntnisse erlangen können, eine Frage, die von der Evolutionären Erkenntnistheorie, einem modernen Zweig der Philosophie, intensiv diskutiert wird. Die verschiedenen Ebenen komplexer Systeme sind hierbei unter erkenntnistheoretischen Gesichtspunkten von besonderem Interesse. So hat sich gezeigt, dass Systeme nie ganz erklärbar durch ihre Teilsysteme sind. Den reduktionistischen Bemühungen, etwa derart, biologische Prozesse, auch die

besonders komplexen des Gehirns, allein auf chemische und physikalische Vorgänge zurückzuführen, kann deshalb kein Erfolg beschieden sein.
Der Grund für solche Bestrebungen liegt darin, dass zwischen methodischem und ontologischem Reduktionismus nicht unterschieden wird. Generell versteht man unter Reduktionismus, wie an mehreren Beispielen aufgezeigt wurde, die erklärende Zurückführung eines Phänomens auf die Gesetzlichkeiten seiner Einzelelemente. Ein solcher methodischer Reduktionismus ist die Grundlage jeder Naturwissenschaft. Der ontologische Reduktionismus jedoch begeht den Fehler zu behaupten, ein Phänomen sei nichts anderes als das Resultat der Wechselwirkungen seiner Elemente (s. Wuketits, Singer, Roth u. a.). Der ontologische Reduktionismus verwechselt damit Methode und Realität. So besteht Wasser (auch dieses Beispiel ist schon genannt worden) zweifellos aus H und O, obwohl seine Eigenschaften qualitativ andere sind als jene der beiden Elemente.
Die systemtheoretischen Überlegungen hatten zum Ziel, zu zeigen, dass ‚Kausalität' und ‚menschliche Freiheit' sich gegenseitig nicht völlig ausschließen müssen. Die in Kapitel 6 *„Kausalität und lebende Systeme"* zu Wort kommenden Philosophen Leibniz und Günther sehen die Realität als Integration von Objektivität und Subjektivität gar völlig determiniert. Mit Interesse sieht der Autor den zu erwartenden Falsifizierungsbemühungen entgegen und ist gespannt darauf zu erfahren, ob die dargelegten Sachverhalte solchen Bemühungen (wenigstens für eine Weile) werden standhalten können.
Benjamin Libet hat sich selbstverständlich über seine Versuchsergebnisse seine eigenen Gedanken gemacht und sich selber die Frage gestellt: *„Haben wir einen freien Willen?"*

Libet studierte bis 1936 an der Universität von Chicago Physiologie und promovierte 1939 in diesem Fach. Von 1949 bis zu seiner Emeritierung war er Professor an der Universität of California, San Francisco. 2003 wurde er mit dem *Virtual Nobel Prize in Psychology* ausgezeichnet. Er selbst ist ein Verfechter des freien Willens, dem er jedoch nur eine Vetofunktion zubilligt. Darunter versteht er die Möglichkeit, aufgrund moralischer Erwägungen unbewusst aufkommende Handlungsimpulse zu unterdrücken. Er plädiert zudem für den Indeterminismus, den er als Voraussetzung des freien Willens betrachtet.

Erinnern wir uns:

Libet stellte fest, dass bei willkürlich ausgeführten Handlungen wie etwa bei der Hebung eines Fingers die zur Durchführung der Handlung führenden Gehirnprozesse bereits bis zu einer Sekunde vor dem Eintritt des bewussten Entschlusses abgeschlossen sind. Daraus haben Neurowissenschaftler gefolgert, dass es grundsätzlich das Gehirn ist, das die Entscheidung trifft, während der bewusste Wille nur ein illusionäres Begleitphänomen darstellt. Dagegen hat Libet selbst den Einwand erhoben, dass es sich bei den von ihm beobachteten Gehirnprozessen um die Bereitstellung des Bereitschaftspotenzials handle, das der bewusste Wille dann, wie gesagt, immer noch annehmen oder ablehnen könne, mithin die Möglichkeit freier Entscheidung doch nicht ausgeschlossen sei.

In Geyers Buch „*Hirnforschung und Willensfreiheit*" äußert er sich wörtlich wie folgt:

„Meine Schussfolgerung zur Willensfreiheit (…) besteht darin, dass die Existenz eines freien Willens zumindest eine genau so gute, wenn nicht bessere Option ist als ihre Leugnung durch die deterministische Theorie. Die spekulative Natur von sowohl deterministischen als auch indeterministischen Theorien vorausgesetzt, warum sollen wir nicht die Sichtweise annehmen, dass wir einen freien Willen haben (bis wirklich widersprechende Belege auftauchen, wenn es überhaupt jemals dazu kommen sollte)? Eine solche Sichtweise würde uns zumindest gestatten, auf eine Weise vorzugehen, die unser eigenes tiefes Gefühl akzeptiert und sich ihm anpasst, nämlich dass wir einen freien Willen haben. Wir brauchten uns nicht als Maschinen zu verstehen, die auf eine Weise handeln, die völlig von den bekannten physikalischen Gesetzen (…) beherrscht wird".

In Geyers Buch verdient besondere Beachtung der Beitrag von Herbert Helmrich: *Wir können auch anders. Kritik der Libet-Experimente.* An einer Stelle betont er:

„Hier wurde nur behandelt, dass die Experimente von Libet und anderen nicht geeignet sind, die Determiniertheit im Sinne eines ‚Nicht-anders-handeln-Könnens' zu beweisen. Deshalb reichen sie auch nicht aus, um die Willensfreiheit zu bestreiten."

Er gibt u. a. zu bedenken: *„Die eigentliche Entscheidung, bei einem Experiment innerhalb einer kurzen Zeitspanne von maximal drei Sekunden mit einem Finger auf einen bestimmten Knopf zu drücken, wird bereits gefällt, wenn die Versuchsperson sich bereit erklärt, an dem Experiment entsprechend der Versuchsanleitung teilzunehmen. Den Versuchspersonen wurden in diesen Experimenten das Prozedere vorher eingeübt. Sie wussten genau, was sie zu tun hatten. (...) Sie kannten auch das Gerät, das die Zeit vorgab usw. (...). Bei Beginn des Experiments setzten sie sich an den Apparat mit dem Knopf, legten ihre Hand daneben und den Finger eventuell schon auf den Knopf. Sie waren hochkonzentriert und richteten ihre ganze Aufmerksamkeit auf die Apparatur und den Zeitpunkt, wann sie innerhalb der drei Sekunden drücken würden. Mehr Entscheidungsspielraum stand ihnen nicht zu. Aus Hirnforschungen wissen wir, dass mit der engagierten Konzentration auf eine unmittelbar bevorstehende Aufgabe (...) das Bereitschaftspotential zu der sofort auszuführenden Handlung bereits entsteht. Das bewusste Fingerdrücken, der letzte Willensruck, jetzt zu drücken, ist nur der Exekutivakt (...), eine kleine Teilentscheidung, und zwar nicht mehr über das Ob, sondern nur noch über das Wann."*

Genau besehen hat es innerhalb dieses Experimentes gar keine Entscheidung gegeben, denn die Probanden konnten ja überhaupt nur eine einzige Handbewegung vollziehen. Was sich ereignet hätte, wenn sie die andere Hand bewegt hätten, ist nicht untersucht worden. Falls eine Versuchsperson eine Entscheidung zwischen linker und rechter Hand getroffen hätte, wären seine Daten vermutlich nicht berücksichtig worden. Die einzige Entscheidung bestand darin, an den Versuchen teilzunehmen, nachdem die Unterrichtung darüber erfolgt war, und man nun die Aufgabe übernahm, 40-mal hintereinander die Hand zu heben. So scheint es kein Wunder zu sein, dass das Gehirn dann nach einiger Zeit wusste, was kommt, und entsprechend das Bereitschaftspotenzial aufbaute.

Isaak Bashevis Singer (Romancier): *„Das größte Geschenk der Menschheit ist die freie Wahl. Es ist richtig, dass wir beim Gebrauch dieser freien Wahl begrenzt sind. Aber das Wenige an freier Wahl, das wir haben, ist ein solch großes Geschenk und ist potenziell so viel wert, dass es sich lohnt, gerade dafür zu leben."*

Schließlich wurde der Versuch unternommen, das Verhältnis zwischen Gott und dem Menschen zu beleuchten. Die letztendlich wissenschaftlich nicht zu lösende Problematik der Darstellung eines solchen Sachverhalts hat R. W. Doty (1998) sehr klar zum Ausdruck gebracht:

„Die Überzeugung, die viele Leute teilen, dass das eigene Schicksal durch eine mystische Wirklichkeit oder durch göttliche Eingriffe bestimmt ist, erzeugt ein schwieriges Paradox für jene, die außerdem glauben, dass wir einen freien Willen haben und für unsere Handlungen verantwortlich sind. Dieses Paradox entsteht in der jüdisch – christlichen Sichtweise, dass (a) Gott allmächtig ist, im voraus weiß, was man tun wird, und das eigene Schicksal bestimmt, während (b) ebenfalls stark die Position vertreten wird, dass wir unsere Handlungen frei bestimmen können und für unser Verhalten zurechnungsfähig und verantwortlich sind. Diese Schwierigkeit hat zu einigen philosophischen Versuchen geführt, das Paradox aufzulösen. Beispielsweise haben die Kabbalisten (Anhänger der Kabbala, einer mystisch – jüdischen Geheimlehre, die aus den verschiedensten Elementen besteht und sich, an die Bibel anlehnend, stark mit Buchstaben- und Zahlensymbolik befasst*) vorgeschlagen, dass Gott seine Macht, zu wissen, was der Mensch tun wird, willentlich aufgegeben hat, um dem Menschen zu ermöglichen, frei und verantwortlich zu wählen, und damit einen freien Willen zu besitzen.“*

Den Begriffen Freiheit, Moral, Normen, Bewusstsein, Selbstbewusstsein wurden jeweils ein Unterkapitel gewidmet. Sie bauen aufeinander auf und stellen die dem Menschen zukommende Notwendigkeit, eigenverantwortlich zu handeln, in den Mittelpunkt ihrer Aussagen.

Dies setzt Forschung voraus, d. h. das wissenschaftliche Bestreben, Einsichten in Realität und Wirklichkeit zu gewinnen. So wird Wissen geschaffen, das durch besseres Wissen korrigiert werden kann. Forschung trifft keine dogmatische Festlegung auf eine bestimmte Sicht. Ihre Art des Vorgehens schließt keineswegs das Staunen über die Natur aus, im Gegenteil, sie setzt Staunen in aller Regel voraus. Wie sonst könnte man den Wissensdrang verstehen, tiefer und tiefer in die Geheimnisse der Natur einzudringen und somit insbesondere Welt Drei im Popperschen Sinne in faszinierender Weise zu bereichern. Es sei an Aristoteles erinnert:

„Wir streben von Natur aus nach Wissen, weil wir Freude an der Wahrnehmung (aisthesis) der Natur haben.“

Fundamentalismen jedweder Art ist eine solche Sichtweise fremd. Sie leisten sich deshalb einen nicht zu fassenden Verzicht auf die Wahrnehmung der wahren Wunder dieser Welt.

Ein letzter Gedanke:
Was geschieht mit uns im Tod? Vielleicht verschwindet wieder die Distanz, die wir zur Schöpfung mittels unseres Ich-Bewusstseins erlangt haben und wir werden wieder eins mit dem allumfassenden Sein.

H. Küng (2005): „*Sterben ist der Abschied nach innen, ist Einkehr und Heimkehr in der Welt Urgrund, unsere wahre Heimat (...)*".

Literaturhinweise

Altner, G. (1983): Evolution und Schöpfung – unverzichtbare Perspektiven im Streit um eine moderne Weltsicht. – In: Evolution und Menschenbild. Herausgegeben von R. Riedl und Fr. Kreuzer. Hamburg (Hoffmann und Campe).

Anselm von Canterbury: Proslogion, in: Henrich D. (1967): Der ontologische Gottesbeweis: sein Problem und seine Geschichte in der Neuzeit. Tübingen.

Arendt, Hannah (1964): Eichmann in Jerusalem. Ein Bericht von der Banalität des Bösen. München (Krummacher).

Arzt,V. und I. Birmelin(1993): Haben Tiere ein Bewusstsein? (Wenn Affen lügen, wenn Katzen denken und Elefanten traurig sind). München (C. Bertelsmann).

Aus der Au, Ch. (2005): Menschsein denken. Anthropologien in theologischen Perspektiven. Neukirchen-Vluyn.

Aus der Au, Ch. (2008): Gott, Geist und Gehirn. Die Herausforderung der Neurowissenschaften. Vortrag auf dem RSNG-Jahreskongress 2008 vom 17. - 19. Oktober in Stuttgart-Hohenheim.

Aus der Au, Ch. (2007): Hirnforschung und die Bestreitung des freien Willens. Vortrag in der Evangelischen Akademie Arnoldshain anlässlich des Seminars „Das Geheimnis der Wirklichkeit“ in Schmitten vom 05.- 07. 10. 2007.

Beckermann, A. (2004): Biologie und Freiheit. - In: H. Schmiedinger und C. Sedmak (Hg.): Der Mensch – ein freies Wesen? - Darmstadt (Wissenschaftliche Buchgesellschaft).

Briggs, J. und F. David (2003): Die Entdeckung des Chaos. München (Deutscher Taschenbuchverlag).

Bryson, B. (2005): Eine kurze Geschichte von fast allem. 6. Aufl.. München (Goldmann).

Buchheim, Th. (2004): Die Grundlagen der Freiheit. – Eine perspektivische Einführung in das ‚Leib-Seele-Problem'. Philosophisches Jahrbuch III, S. 1-23.

Buchheim, Th. (2004): Libertarischer Kompatibilismus. – Drei alternative Thesen auf dem Weg zu einem qualitativen Verständnis der menschlichen

Freiheit. In: Hermann, F. und P. Koslowsky (Hrsg.): Der freie und der unfreie Wille, S. 34-76. München (Fink).

Buchheim, Th. (2004): Wer kann, der kann auch anders. In: Hirnforschung und Willensfreiheit. Zur Deutung der neuesten Experimente. Herausgegeben von Christian Geyer (edition suhrkamp). Frankfurt/Main (Suhrkamp Verlag).

Bünger, Tr. und R. Willemsen (2007): Ich gebe Ihnen mein Ehrenwort. – Die Weltgeschichte der Lüge.- Ein Dialog.- Das Bühnenprogramm mit Dieter Hildebrandt und Roger Willemsen. Frankfurt (Fischer S. Verlag).

Capra, Fr. (1999): Lebensnetz. Ein neues Verständnis der lebenden Welt. Berlin/München/Wien. (Droemersche Verlagsanstalt).

Cruse, H. (2006): Die Physik des freien Willens. - Physikalische Systeme mit kognitiven Eigenschaften. – In: Vom Urknall zum Bewusstsein – Selbstorganisation der Materie. – Verhandlungen der Gesellschaft Deutscher Naturforscher und Ärzte. – 124. Versammlung vom 16. bis 19. September 2006 in Bremen. Stuttgart 2007 (Thieme Verlag).

Darwin, Ch. (1976): Die Entstehung der Arten durch natürliche Zuchtwahl. Stuttgart (Reclam).

Darwin, Ch. (1871/2005): Die Abstammung des Menschen. Frankfurt/Main (S. Fischer).

Dawkins, R. (1994): Das egoistische Gen. Heidelberg (Spektrum Akademischer Verlag).

Dawkins, R. (1998): Und es entsprang ein Fluss in Eden. Das Uhrwerk der Evolution. München (Goldmann).

Dawkins, R. (1999): Gipfel des Unwahrscheinlichen. Wunder der Evolution. Reinbek (Rowohlt).

Dawkins, R. (2007): Der Gotteswahn. (Sebastian Vogel, Übersetzer). Berlin (Ullstein).

Dawkins, R. (2007): Gast bei der Johannes B. Kerner – Show vom 16. 11.2007 im Zweiten Fernsehen.

DER SPIEGEL (2005): Gott gegen Darwin. Glaubenskrieg um die Evolution. Nr. 52 / 24.12.2005.

DER SPIEGEL (2007): „Gott ist an allem schuld!“ Der Kreuzzug der neuen Atheisten. Nr. 22 / 26. 05 2007.

Diamond, J. (1994): Der dritte Schimpanse. Frankfurt/Main (S. Fischer).

Die Bibel - Bibel, Christentum, Literatur und Kunst. - Beiträge einer Vortragsreihe der Konrad-Adenauer-Stiftung, herausgegeben von Josef Thesing. - Köln (Media Consulta Deutschland, 2003).

Ditfurth, H. von (1976): Der Geist fiel nicht vom Himmel. Hamburg (Hoffmann und Campe).

Ditfurth, H. von (1983): Evolutionäres Weltbild und theologische Verkündigung. In: Evolution und Menschenbild. Herausgegeben von R. Riedl und Fr. Kreuzer. Hamburg (Hoffmann und Campe).

Ditfurth, H. von (1984): Wir sind nicht nur von dieser Welt. München (dtv).

Ditfurth, H. von (1987): Unbegreifliche Realität. Hamburg – Zürich (Rasch und Röhring).

Ditfurth, H. von (1993): Innenansichten eines Artgenossen. München (dtv).

Eibl-Eibesfeldt, I. (1997): Die Biologie des menschlichen Verhaltens. Grundriss der Humanethologie. München (Seehamer Verlag).

Fischer, E. P. (2000): Aristoteles, Einstein & Co. Eine kleine Geschichte der Wissenschaft in Porträts. Ungekürzte Taschenbuchausgabe. München (Piper).

Fischer, E. P. (2003): Die andere Bildung. –Was man von den Naturwissenschaften wissen sollte. München (Ullstein).

Fischer E. P. (2004): Die Bildung des Menschen. - Was die Naturwissenschaften von uns wissen. Berlin (Ullstein).

Fischer E. P. (2005): Einstein für die Westentasche. München (Piper).

Fleischmann, L. und Ch. Noll (2007): Meine Sprache wohnt woanders. - Gedanken zu Deutschland und Israel. Frankfurt am Main (Scherzverlag).

Galilei, G. (1982): Dialog über die beiden hauptsächlichsten Weltsysteme, das ptolemäische und das kopernikanische. Aus dem Italienischen übersetzt und erläutert von E. Strauß. Hrsg. Von R. Sexl und K. von Meyenn. Stuttgart.

Geyer, Chr. (Hrsg.) (2004): Hirnforschung und Willensfreiheit. (Zur Deutung der neuesten Exprimente.) Frankfurt am Main (Suhrkamp).

Glasenapp, von G. (2005): Die fünft Weltreligionen. – Hinduismus, Buddhismus, chinesischer Universismus, Christentum, Islam. – Kreuzlingen/München (Heinrich Hugendubel Verlag).

Gottes Bilder – warum wir glauben. 12-teilige Reihe beim SWR 2, Wissen.

1. Asendorpf, Dirk (30.07.2007): Die globale Renaissance der Religionen.
2. Paal, Gabor (31. 07. 2007): Archäologie des Glaubens.
3. Fischer, Falk (01. 08. 2007): Naturwissenschaft und Religion.
4. Springfeld, Uwe (02. 08. 2007): Der Versuch, Gott zu beweisen.
5. Schindele, Eva (03. 08. 2007): Fühlen statt predigen.
6. Stein, Michael (04. 08. 2007): Woran Menschen glauben, wenn sie nicht glauben.
7. Stümper, Martin und Matthias Wurms (06. 08. 2007): Buddhismus? Find ich gut.
8. Schindele, Eva (07. 08. 2007): Macht Glauben gesund?
9. Sulzer, Marie-Luise (08. 08. 2007): Religion und Politik.
10. Findeisen, Hans-Volkmar (09. 08. 2007): Gibt es universelle Werte?
11. Hamm, Simone (10. 08. 2007): Gesegnete Profite.
12. Fischer, Falk (11. 08. 2007): Zukunft der Religionen.

Grabner-Haider, Anton (2006): Die wichtigsten Philsophen. Wiesbaden (marixverlag).

Günther, G.: Erkennen und Wollen. Eine gekürzte Fassung unter dem englischen Titel „Cognition and Volition“ wurde veröffentlicht in: Cybernetics Technique in Brain Research and the Educational Prozess, 1971 Fall Conference of American Society for Cybernetics, Washington D. C. 119 135. Auf Deutsch in: Gerhard Günther: Das Bewusstsein der Maschinen, 3. Aufl. Baden – Baden 2002.

Gutz, M. (1993): Menschsein heute. – Ein Bilanz aus der Sicht der Naturwissenschaften. Kaiserslautern (Giloi-Druck).

Haken, H. (2004): Die Selbstorganisation komplexer Systeme – Ergebnisse aus der Werkstatt der Chaostheorie. Wien (Picus).

Haken H. (2006): Schönheit aus einem Haufen Erde. - Wie in der belebten und unbelebten Natur spontan Strukturen entstehen. – In: Vom Urknall zum Bewusstsein – Selbstorganisation der Materie. – Verhandlungen der Gesellschaft Deutscher Naturforscher und Ärzte. – 124 Versammlung vom 16. bis 19. September 2006 in Bremen. Stuttgart 2007 (Thieme Verlag).

Hasenhüttl, G. (2001): Glaube ohne Mythos. Band 1: Offenbarung, Jesus Christus, Gott. – Band 2: Mensch, Glaubensgemeinschaft, Symbolhandlungen, Zukunft. Mainz (Grünewald).

Heinrich, B. (1999): Mind of the raven. - Harper Collins Publishers.

Heinrich, B. (2007): Von der Klugheit der Raben. - Der Rabenforscher Bernd Heinrich. SWR 2 Wissen. Sendung vom 12. November 2007.

Heisenberg W. (1984 – 1992): Gesammelte Werke: Herausgegeben von Walter Blum, Hans Peter Dürr und Helmut Rechenberg. München (Piper).

Heisenberg, W. (1969): Der Teil und das Ganze. München (Piper).

Heisenberg W. (1930): Physikalische Prinzipien der Quantentheorie. Leipzig (S. Hirzel).

Helmrich, H. (2004): Wir können auch anders: Kritik der Libet-Experimente. Aus: Hirnforschung und Willensfreiheit. Zur Deutung der neuesten Experimente. Herausgegeben von Christian Geyer. Frankfurt/ Main (Suhrkamp).

Heschel A. J. (2000): Gott sucht den Menschen. Berlin (JVB).

Hildebrandt, D. und R: Willemsen (2007): „Ich gebe Ihnen mein Ehrenwort!" – Die Weltgeschichte der Lüge. Ein Text von Traudl Bünger und Roger Willemsen. Frankfurt/Main (S. Fischer Verlag).

Hoerster, N. (2007): Die Frage nach Gott. Becksche reihe, 2. Aufl. München (C. H. Beck).

Huber-Legnani, M. (1984); Roger Bacon (1214-1294), Lehrer der Anschaulichkeit. Freiburg (Hochschulverlag).

Huxley, J. (1954): Entfaltung des Lebens. Frankfurt (Fischer-Bücherei).

Kant, I. (1795): Zum ewigen Frieden. Ein philosophischer Entwurf. In: Cassirer, E. (Hg.): Immanuel Kants Werke, Bd. 4. Berlin 1923, 424 – 474.

Kirschner, M. W. und J. G. Gerhart (2007): Die Lösung von Darwins Dilemma. – Wie die Evolution komplexes Leben schafft. (Deutsch von Monika Niehaus.) Reinbek bei Hamburg (Rowohlt).

Klein, St. (2004): Die Tagebücher der Schöpfung. Vom Urknall zum geklonten Menschen. München (Deutscher Taschenbuch Verlag).

Könneker, Th. (Hrsg.) (2006): Wer erklärt den Menschen? – Hirnforscher, Psychologen und Philosophen im Dialog. Frankfurt/Main (Fischer TB Verlag).

Krafft, F. (1999): … Denn Gott schafft nichts umsonst! – Das Bild der Naturwissenschaft vom Kosmos im historischen Kontext des Spannungsfeldes Gott – Mensch – Natur. Band 1. - Münster (LIT - Verlag).

Krafft, Fr. (2007): Die wichtigsten Naturwissenschaftler im Porträt. Wiesbaden (Maxiverlag).

Krafft, Fr. (2007): Das Buch der Natur wird geöffnet. - Kopernikus, Kepler, Bacon, Galilei, Descartes, Newton – wie der tiefe Graben entstand. Vortrag bei der Evangelischen Akademie Arnoldshain (Taunus) während der Tagung über das Thema „Das Geheimnis der Wirklichkeit – Wege und Irrwege im Dialog zwischen Religion und Naturwissenschaften“ vom 5. – 7. 10. 2007.

Küng, H. (1990): Projekt Weltethos. München (Piper).

Küng, H. (2001): Denkwege. Ein Lesebuch. 3. erweiterte Auflage. München - Zürich (Piper).

Küng, H. (2001): Spurensuche. Die Weltreligionen auf dem Weg. München (Piper).

Küng, H. (2002): Kleine Geschichte der katholischen Kirche. Berlin (Berliner Taschenbuchverlag).

Küng, H. (2005): Der Anfang aller Dinge.. (Naturwissenschaft und Religion). München - Zürich (Piper).

Kuschel, K. J. (2007): Hat Gott eine Zukunft? – Die Rückkehr der Religion. Abschrift eines Vortrages beim SWR 2 (Wissen) vom 17.05.2007.

Lay, R. (1983): Evolution als Schöpfung. In: Evolution und Menschenbild. Herausgegeben von R. Riedl und Fr. Kreuzer. Hamburg (Hoffmann und Campe).

Leibniz, G. W. (1996): Philosophische Werke. In vier Bänden, übersetzt von Artur Buchenau und Ernst Cassirer. Mit Personen- und Titelregistern. Hamburg (Meiner Verlag für Philosophie).

Lesch, H. und H.P. Fischer (2007): Die Geburt der modernen Wissenschaft. Abschrift eines Gesprächs beim SWR 2 (Aula). Teil 1: Die Entdeckung der himmlischen Ordnung in der Antike. – Teil 2: Das 16. Jahrhundert und seine neuen Voraussetzungen. – Teil 3: Quantensprünge und andere Revolutionen. – Teil 4: Der Anfang aller Dinge.

Lesch, H. und J. Müller (2001): Kosmologie für Fußgänger. Eine Reise durch das Universum. München (Goldmann).

Lesch, H. und J. Müller (2003): Big Bang zweiter Akt. Auf den Spuren des Lebens im All. München (Bertelsmann).

Lesch, H. und das Quot-Team (2005) : Physik für die Westentasche. München/Zürich (Piper).

Libet, B. (1985): Unconscious Cerebral Initiative and the Role of Conscious Will in Voluntary Action. The Behavioral and Brain sciences VIII, S. 529-539.

Libet, B. (2005): Mind Time. - Wie das Gehirn Bewusstsein produziert. Frankfurt/Main (Suhrkamp Verlag).

Lind, G. (2002): Ist Moral lehrbar? - Ergebnisse der modernen moralpsychologischen Forschung. – Berlin (Logos Verlag).

Lind, G. (2003): Moral ist lehrbar. – (Erziehung, Gesellschaft, Schule). – München (Oldenbourg).

Lind, G. (2004): Die Konstanzer Methode der Dilemma-Diskussion (KMDD). – Lindau (tomcom GmbH).

Lindemann, B. (2004): Der Innere Weg. Konzepte der Weltreligionen und die Suche nach dem Gemeinsamen. Homburg (invoco verlag).

Locke, J. : An Essay Concerning Human Understanding (Entwurf 1671, erstmals veröffentlicht 1689/90. Dt.: Versuch über den menschlichen Verstand, 1911 – 1913. 4. durchgesehene Auflage in 2 Bänden 1981, Hamburg (Felix Meiner).

Lorenz, K. (1963): Das sogenannte Böse. Zur Naturgeschichte der Aggression. Wien (Borotha-Schoeler).

Lorenz, K. (1973): Die Rückseite des Spiegels. Versuch einer Naturgeschichte menschlichen Erkennens. München/Zürich (Piper).

Lovejoy C. O. (1989): Die Evolution des aufrechten Ganges. Spektrum der Wissenschaft, Heft 1, Seite 92 – 100.

Luyken, R. (2007): Gott und die Welt. Forscher und Theologen streiten darüber, ob sich biblische Wunder mit der Quantenphysik vertragen. DIE ZEIT Nr. 24.

Markl, H. (1907): Krauser Mischmasch. - Natur und Wissenschaft dürfen nicht vermengt werden – sonst leiden beide. Süddeutsche Zeitung vom 24. 07. 2007.

Markl, H. (1986):Natur als Kulturaufgabe. Stuttgart.

Mayr, E. (1967): Artbegriff und Evolution. Hamburg – Berlin (Parey).

McGrath, A. E. (1999): Naturwissenschaft und Religion. Freiburg – Basel – Wien (Herder).

McGrath, Alister mit Johanna Collicut McGrath (2007): Der Atheismus - Wahn. Eine Antwort auf Richard Dawkins und den atheistischen Fundamentalismus. München (Gerth Medien).

McNeil, J. R. (2003): Blue planet. Die Geschichte der Umwelt im 20. Jahrhundert. Frankfurt/Main (Büchergilde Gutenberg).

Mentzos, St. (2002): Der Krieg und seine psychosozialen Funktionen. 2. Auflage. Göttingen (Vandenhoek und Ruprecht).

Metzinger, Th. (2006): Der Preis der Selbsterkenntnis. In: Gehirn und Geist, Heft 7/8, S. 42-49.

Meyer-Abich, K M. (2007): Evolutive Wertsetzung in der Naturgeschichte – Grundgedanken eines christlichen Pantheismus. - In: Die etwas andere Schöpfung (Interdisziplinäre Versuche im Dialog zwischen Naturwissenschaft und Religion). Frankfurt/Main (Haag + Herchen Verlag).

Milgram, St. (1966): Einige Bedingungen von Autoritätsgehorsam und seiner Verweigerung. Zeitschrift für experimentelle und angewandte Psychologie, 13, Seite 433 -463.

Monod, J. (1970): Le hasard et la nécessitée. Paris. Dt.: Zufall und Notwendigkeit. Philosophische Fragen der modernen Biologie (1973).

Mosis, R. (1983): Der biblische Schöpfungsgedanke und das evolutive Weltbild. In: Evolution und Menschenbild. Herausgegeben von R. Riedl und Fr. Kreuzer. Hamburg (Hoffmann und Campe).

Nachtigall, W. (1971): Biologische Forschung. Heidelberg (Quelle und Meyer).

Newton, I. (1687): Mathematische Prinzipien der Naturlehre. London.

Nida-Rümlin, J. (2005): Über menschliche Freiheit. Stuttgart, (Reclam)

Ohlig, K.- H. (2002): Religion in der Geschichte der Menschheit. Die Entwicklung des religiösen Bewusstseins. Darmstadt (Wissenschaftliche Buchgesellschaft).

Pascal, P. (1978): Gedanken. (Übersetzt und herausgegeben von E. Wasmuth), 8. Aufl. Heidelberg.

Pauen, P. (2001): Das Rätsel des Bewusstseins. – Eine Erklärungsstrategie. Paderborn (Mentis).

Pauen, M. (2004): Illusion Freiheit? – Mögliche und unmögliche Konsequenzen der Hirnforschung. Frankfurt/Main (S. Fischer Verlag).

Paul, J. (2004): Existiert der freie Wille? Eindrücke vom Kongress „Neuro2004: Hirnforschung für die Zukunft“ des Wissenschaftszentrum NWR am 17. November 2004.

Popper, K. R. (1934): Logik der Forschung. Wien (Springer).

Popper, K. R. (1982d): Erkenntnis und Gestaltung der Wirklichkeit. In: Popper, K. R. (1984): Auf der Suche nach einer besseren Welt. Vorträge und Aufsätze aus dreißig Jahren. München/Zürich (Piper).

Popper, K. R. und J. C. Eccles (1982): Das Ich und sein Gehirn. München/Zürich (Piper).

Popper, K. R. und K. Lorenz (1985): Die Zukunft ist offen. München/Zürich (Piper).

Popper, K. R. (2004): Alle Menschen sind Philosophen. München (Piper).

Prigogine, H. und I. Stengers (1993): Dialog mit der Natur – Neue Wege naturwissenschaftlichen Denkens. München (Piper, 5. Auflage).

Prinz, W. (2003): Der Mensch ist nicht frei. In: Das Magazin (Wissenschaftszentrum Nordrhein – Westfalen) 14. Jg., Heft 2, Düsseldorf.

Reichholf, J. H. (2004): Das Rätsel der Menschwerdung. Die Entstehung des Menschen im Wechselspiel mit der Natur. München (dtv).

Reichholf, J. H. (2007): Was Stimmt? – Evolution - Die wichtigsten Antworten. Freiburg-Basel-Wien (Herder spektrum).

Riedl, R. (1981): Biologie der Erkenntnis. - Die stammesgeschichtlichen Grundlagen der Vernunft. - 3. Aufl. . Berlin und Hamburg (Paul Parey).

Riedl, R. J., Kreuzer, Franz (Hrsg.) (1983): Evolution und Menschenbild. Hamburg, (Hoffmann und Campe).

Riedl, H. und E.M. Bonet (Hrsg.) (1987): Entwicklung der evolutionären Erkenntnistheorie. - Wiener Studien zur Wissenschaftstheorie. – Verlag der Österreichischen Staatsdruckerei.

Richter, K. und J. M. Rost (2002): Komplexe Systeme. Frankfurt (S. Fischer).

Roth, E. (1973): Eugen Roths Tierkleben für jung und alt. München /Carl Hanser Verlag).

Roth, G. (2000): Das Gehirn und seine Wirklichkeit. Frankfurt/M. (Suhrkamp Verlag).

Roth, G. (2004): Worüber dürfen Hirnforscher reden – und in welcher Weise? In: Deutsche Zeitschrift für Philosophie, 52. Jg., Heft 2. Berlin (Akademie-Verlag).

Roth, G. (2004): Das Ich auf dem Prüfstand – Die Hirnforschung und ihre Sicht vom Menschen. Radiovortrag im SWR 2 am 10. Juni 2004.

Roth, G. (2006): Die Physik des Geistes. - In: Vom Urknall zum Bewusstsein – Selbstorganisation der Materie.- Verhandlungen der Gesellschaft Deutscher Naturforscher und Ärzte. – 124. Versammlung vom 16. bis 19. September 2006 in Bremen. - Stuttgart 2007 (Thieme Verlag).

Sandhoff, K., W. Donner u. a. (Hrsg): Vom Urknall zum Bewusstsein – Selbstorganisation der Materie. – Verhandlungen der Gesellschaft Deutscher Naturforscher und Ärzte. - 124. Versammlung vom 16. bis 19. September 2006 in Bremen. Stuttgart 2007 (Thieme Verlag).

Schönborn, Chr. (Kardinal) (2007): Ziel oder Zufall? Schöpfung und Evolution aus der Sicht eines vernünftigen Glaubens. Freiburg/Basel/Wien (Herder).

Segal, S. (2002): Kollision mit der Unendlichkeit. Ein Leben jenseits des persönlichen Selbst. Hamburg Reinbek (Rororo).

Singer, I. B. (1968): Interview von H. Flender, in: G. Plimpton (Hrsg), Writers at Work (1981), New York.

Singer, W. (2004): Selbsterfahrung und neurobiologische Fremdbeschreibung. Zwei konfliktträchtige Erkenntnisquellen. In: Deutsche Zeitschrift für Philosophie, Nr. 2/2004.

Singer, W. 2004): Verschaltungen legen uns fest: Wir sollten aufhören, von Freiheit zu sprechen. In: Hirnforschung und Willensfreiheit. Zur Deutung der neuesten Experimente. Herausgegeben von Christian Geyer. Frankfurt/Main (Suhrkamp).

Sonn, W. (2007): Antwort auf „Kausalität und menschliche Freiheit“ von Erich Steitz. – Homburg/Saar.

Sonn, W. (2007): Gehirn und Freiheit. Pfälzisches Pfarrerblatt (Organ des Vereins Pfälzer Pfarrerinnen und Pfarrer). Neustadt/Weinstraße (Druckerei Lehnen).

Spinnler, R. (2007): Zufallsprodukt der Evolution – oder nicht? Es lohnt sich, über Darwins Lehre zu streiten. Stuttgarter Zeitung vom 17. o8. 2007.

Steitz / Stengel (1984): Die Stämme und Klassen des Tierreichs. Weinheim (Verlag Chemie).

Steitz, E. (1993): Die Evolution des Menschen, 3. Auflage. Stuttgart (E. Schweitzerbartsche Verlagsbuchhandlung).

Steitz, E. und M. Müller (2006): Evolution oder Schöpfung? Aspekte zum Menschenbild. Homburg (invoco verlag).

Störig H. J. (1995): Kleine Weltgeschichte der Philosophie. 16. Auflage.- Stuttgart (W. Kohlhammer).

Südwestrundfunk (SWR 2, Aula) (2007): Die Geburt der modernen Wissenschaft (Abschrift eines Gesprächs zwischen Ernst Peter Fischer und Harald Lesch. 1. Sendung vom 01. 04. 2007: Die Entstehung der himmlischen Ordnung in der Antike. - 2. Sendung vom 06. 04. 2007: Das 16. Jahrhundert und seine neuen Voraussetzungen. - 3. Sendung vom 08. 04.2007: Quantensprünge und andere Revolutionen. – 4. Sendung vom 09.04.2007: Der Anfang aller Dinge.

Tillich, P. (1978): Die Frage nach dem Unbedingten (Schriften zur Religionsphilosophie). Gesammelte Werke, Band 5. Stuttgart (Evangelisches Verlagswerk).

Unglaubliche optische Illusionen (2007): „Sie werden Ihren Augen nicht trauen". Münster (Premio Verlag).

Vollmer, G. (1988): Was können wir wissen? Band 1: Die Natur der Erkenntnis. Band 2: Die Erkenntnis der Natur (2. Aufl.). Stuttgart S. Hirzel Verlag).

Vollmer, G. (1994): Evolutionäre Erkenntnistheorie (6. Aufl.). Stuttgart (S. Hirzel Verlag).

Wehr, G. (1989): Meister Eckhart. Hamburg- Reinbeck (Rororo).

Weizsäcker, C. F. von (1978): Deutlichkeit.- Beiträge zu politischen und religiösen Gegenwartsfragen. Darin Vortrag zum Thema: Gottesfrage und Naturwissenschaften). München/Wien (Hanser).

Wickert, U. (2007): Gauner muss man Gauner nennen. (Von der Sehnsucht nach verlässlichen Werten). München/Zürich (Piper).

Wiki, Ph. (2006): Physikalischer Determinismus und Kausalität – ein Diskussionsbeitrag zum Thema „Freiheit im Kopf". http:/timaios. philo. At/ wiki/ index. Php/ Physikalischer Determinismus und Kausalität.

Wuketits, F. M. (2007): Der freie Wille. Die Evolution einer Illusion. Stuttgart (Hirzel Verlag).

Zimbardo, Ch. G. (2007): The Lucifer Effect. Understanding How Good People Turn Evil. New York (Random House).

Glossar

Aggression (lat. *aggredi* „hinzugehen, angreifen).

Aggressivität. Tendenz (Bereitschaft) zu Angriff und Kampf.

Agnostizismus (griech. *agnostikismos,* von *a-gnoein*, nicht wissen).

Anthropomorphismus (altgriech. *anthropos,* Mensch; *morphe*, Form, Gestalt). Übertragung menschlicher Eigenschaften auf Tiere, Götter, Naturgewalten und Ähnliches.

Art (lat. *species*, die Art).

Artbildung (Speziation): Entstehung einer Art aus einer Stammart.

Atheismus (griech. *atheos*, ohne Gott, Gott leugnend).

Bewusstsein (lat. *conscientia*, Mitwissen).

Bibel (griech. *biblia*, Buch der Bücher).

Adam (hebr. *adam,* der von der *adama,* der Erde Genommene).

Eva (hebr. *chawah,* die Belebte, Mutter allen Lebens).

Biologie (griech. *bios*, Leben; *logos*, Lehre).

Chaos (griech. *chaos*, Zustand kompletter Unordnung).

Deduktion (lat. *deducere*, herbeiführen). Schlussfolgerungsweise vom Allgemeinen auf das Besondere.

Determinismus (lat. *determinare*, abgrenzen, bestimmen). Die Vorstellung, dass alle Vorgänge in der Welt nach dem Kausalitätsprinzip vorausbestimmt sind.

Dualismus (lat. duo, zwei). Die Annahme, dass die Welt aus zwei ihrem Wesen nach unterschiedlichen Entitäten (z. B. Geist – Materie) aufgebaut ist (vgl. Glossar „Monismus“).

Emergenz (lat. *emergere*, auftauchen, hervorbringen, sich zeigen).

Ethik (altgriech. *ethike*, das sittliche Verständnis, Charakter, Sinnesart).

Evolution (lat. *evolvere*, ausrollen, entwickeln, ablaufen). Im weitesten Sinne die Entwicklung der Welt.

Evolutionäre Erkenntnistheorie. Wissenschaftliche Lehre über die menschliche Erkenntnis mit Hilfe der Evolutionstheorie.

Falsifikation (lat. *falsificare*, als falsch erkennen)**.** Erkenntnisfortschritte durch Widerlegung von Theorien (vgl. Verifikation).

Fulguration (lat. *fulgur,* der Blitz). Bezeichnung für das plötzliche Entstehen neuer Eigenschaften in einem komplexen System.

Geist (griech. *pneuma*, *nous, psyche*, lat. *spritus, mens, animus*, *anima,* hebr. *ruach*, arab. *ruh,* engl. *mind, spirit*, franz. e*sprit*).

Glaube. (griech. *pisteuein,* vertrauen, auf jemanden bauen). Küng: *„An Gott glauben ist eine Sache vernünftigen Vertrauens“.*

Gott. Die unerschaffene, absolute und ewige Ursache alles Seienden, Schöpfer von allem, was existiert.

Hirnrinde (lat. cortex *cerebri*) Ansammlung von Nervenzellen des Säugergehirns in Rindenform.

Holismus (griech. *holos,* ganz). Vollständige Bestimmtheit von Elementen eines Systems durch ihre Strukturbeziehungen.

Holocaust (griech. *holocautoma,* vollständig Verbranntes). Synonym mit *Shoa,* Sühne.

Homo (lat. *homo*, Mensch). Gattung der Familie Menschenartige (*Hominidae*).

Homo sapiens (lat. *homo*, Mensch; *sapiens*, weise). Artbezeichnung für den Jetztmenschen und seine ausgestorbenen (archaischen) Verwandten.

Human: Menschlich.

Ich-Bewusstsein (lat. *ego,* ich). Bewusstsein, das sich selbst denkt (siehe Glossar „Selbstbewusstsein“).

Induktion (lat. *inductio*, Hineinführung). Schließen vom Besonderen auf das Allgemeine.

Intelligenz (lat. *intelligentia,* Einsicht, Erkenntnisvermögen, von *intellegere,* verstehen).

Kausalität (lat. *causa*, Ursache). Beziehung (Relation) zwischen Ursache und Wirkung.

Klugheit (griech. *phronesis*). Fähigkeit zu angemessenem Handeln.

Kompatibilismus. Theorie, nach der freier Wille und Determinismus miteinander kompatibel (vereinbar) sind. Der Inkompatibilismus vertritt die entgegengesetzte Sicht.

Kosmos (griech. *cosmos,* das All). Die Welt als geordnetes System. Die Wissenschaft unterscheidet Makrokosmos, Mesokosmos und Mikrokosmos. *Makrokosmos* (griech. *makros*, groß). Die Welt, die die Begriffsmöglichkeiten des Menschen übersteigt. *Mesokosmos* (griech. *mesos*, inmitten). Übergang zwischen Mikrokosmos und Makrokosmos. Bereich mittlerer Größe, der mit den menschlichen Sinnesempfindungen erfassbar ist. *Mikrokosmos* (griech. *mikros*, klein). Welt des winzig Kleinen.

Kreationismus (lat. *creare*, erschaffen). Der Glaube, dass die Menschen, die Erde und das Universum wörtlich nach der Heiligen Schrift erschaffen wurden.

Leben. Forschungsgegenstand der Biologie (s. Glossar „Biologie"). Leben ist gekennzeichnet durch Systemeigenschaften wie Stoff- und Energieaustausch mit der Umwelt, Fortpflanzung, Wachstum, Aufnahme von Reizen und deren Weiterleitung in Form physiologischer Erregungen, die im Körperinnern verarbeitet werden.

Monismus. Kunstwort aus dem 19. Jahrhundert (griech. *monos*, einzig mit der angehängten Endung *-ismus*). Monismus besagt, dass sich alle Vorgänge und Phänomene der Welt auf ein einziges Grundprinzip zurückführen lassen, womit die Gegenposition zum Dualismus (s. Glossar „Dualismus") bezogen wird.

Moral (lat. *moralis*, die Sitten betreffend; mos, Sitte, Plural *mores*). Der Begriff umfasst im Wesentlichen die Gesamtheit der Normen, Werte, Grundsätze, die das zwischenmenschliche Verhalten in einer Gesellschaft regulieren und von ihrem überwiegenden Teil als verbindlich akzeptiert oder zumindest hingenommen werden.
In der Philosophie wird zwischen Ethik und Moral unterschieden. Ethik ist die Reflexionswissenschaft der Moral und gleichbedeutend mit Moralphilosophie.

Mutation (lat. *mutatio,* Veränderung). Spontane oder umweltbedingte Veränderung von Erbanlagen eines Individuums.

Mystik (lat. *mysticus*, unbeschreiblich, unaussprechlich). Form religiösen Erlebens, bei der nach vorbereitender Askese durch Versenkung oder Ekstase innige Verbindung mit dem Göttlichen gesucht wird.

Natur (lat. *natura*, von *nasci*, geboren werden, entstehen). Vieldeutiger Begriff. Zumeist versteht man darunter die uns umgebende, vom Menschen nicht geschaffene Welt. Folgerichtig wird dem Begriff der Natur der der Kultur gegenübergestellt, was gelegentlich dazu führt, die Kulturfähigkeit des Menschen als dessen zweite Natur zu bezeichnen.

Norm. Im weitesten Sinne eine in der Gesellschaft als verbindlich anerkannte Regel.

Ontogenese (griech. *ontos*, seiend; *genesis*, Werden, Entstehen). Entwicklung des Lebewesens von der befruchteten Eizelle bis zum geschlechtsreifen Zustand.

Panta rhei. Die Formel *panta rhei* (griech. alles fließt) wird auf den griechischen Philosophen Heraklit zurückgeführt. Sie besagt, dass das Sein nicht statisch, sondern als ewiger Wandel dynamisch zu erfassen ist.

Paradigma (griech. *paradeigma. Para,* neben, *deiknymi*, vorzeigen). Bedeutet Beispiel, Vorbild, Muster oder Abgrenzung. Setzt sich eine neue Lehrmeinung durch, spricht man von Paradigmenwechsel.

Pentateuch (Fünfgefäß). Griechischer Ausdruck für die fünf Bücher Moses. Er stammt von den Krügen, in denen Schriftrollen aufbewahrt wurden. Diese bilden gemeinsam als Tora den ersten Hauptteil des *Tanach,* der Hebräischen Bibel.

Phänotyp (griech. *phainomos*, Erscheinung und – Typ). Erscheinungsbild eines Lebewesens; die Summe aller äußerlich feststellbaren Merkmale.

Philosophie (griech. *philosophia*, Liebe zur Weisheit). Im Gegensatz zu den einzelnen Wissenschaften ohne begrenzten Gegenstandsbereich. Im weitesten Sinne die kritisch-rationale Selbstüberprüfung des Denkens.

Phylogenese (griech. *phyle,* Stamm; *genesis,* Werden, Entstehen). Stammesgeschichtliche Entwicklung (biologische Evolution) aller Lebewesen im Verlauf der Erdgeschichte. Dem gegenüber stellt die Ontogenese die Individualentwicklung eines Lebewesens dar.

Physikalisches Gesetz. Naturgesetz, das (meist in mathematischer Form) Zustände und deren Änderungen eines physikalischen Systems mittels messbarer, eindeutig definierter physikalischer Größen (Parameter, Variablen) beschreibt.

Population (Biologie). Ein örtlich und/oder zeitlich umgrenzter panmiktischer Bestand von Individuen einer Art. *Panmixie* (griech. *pan*, alles; *mixis* vermischen) bedeutet die allgemeine Kreuzbarkeit aller Tiere oder Pflanzen innerhalb einer Art.

Primaten (lat. *primus*, an erster Stelle stehend). Ordnung innerhalb der Klasse der Säugetiere, welche die Halbaffen (Prosimiae), Menschenaffen (Anthropoidea) und den Menschen (Homo sapiens) umfasst.

Realität (lat. *realitas*, von *res*, Ding). Im allgemeinen Sprachgebrauch die Gesamtheit der realen Welt. Real ist das, was auch außerhalb des Denkens existiert. Inhalte von Vorstellungen, Gefühlen, Wünschen, Wahrnehmungen u. ä. sind nicht der Realität, sie sind der Wirklichkeit zugehörig.

Reduktionismus. Philosophische Lehre, die ein System durch seine Einzelbestandteile vollständig bestimmt sieht.

Religion (lat. *religare*, anbinden). In umfassender Bedeutung *„eine Weise menschlichen Existierens aus der Relation zu einem letzten Sinn-Grund"* (H. R. Schlette), wobei dieser Sinn gewährende Grund in den einzelnen Religionen entweder überweltlich oder innerweltlich verstanden wird. Je nachdem können daraus unterschiedliche praktische Konsequenzen in Ethik, Moral und Kultur von der jeweiligen Religionsgemeinschaft gezogen werden.

Selbstbewusstsein. Beobachtung des eigenen Ichs, der eigenen Persönlichkeit, von außen.

Selektion (lat. selectio, Auslese). Von Darwin eingeführter Begriff in seiner Theorie von der natürlichen Auslese. Dieser liegen zwei Prämissen zugrunde:
1. Die Individuen einer Tier- oder Pflanzenart sind nicht völlig gleich, sie variieren.
2. Alle Organismen haben eine Überproduktion an Nachkommen.
Nach Darwin kommt es daher im Kampf ums Dasein (*Struggle of life*) zum Überleben nur der jeweils Tauglichsten unter den Varianten, also zu einer natürlichen Auslese. Dieser Prozess führt im Laufe der Generationenabfolge zur Ausbildung von entsprechenden Anpassungen an die Bedürfnisse und Umweltgegebenheiten der Organismen.

Sexualität (lat. *sexus,* Geschlecht). Alle im Zusammenhang mit der geschlechtlichen Fortpflanzung stehenden Vorgänge, wie sie sich in den Teilungsprozessen der Reifeteilung und in der Verschmelzung von Ei- Samenzelle in der Befruchtung zeigen. Im weiteren Sinne alle morphologischen und physiologischen Vorgänge, alle Gefühle und Verhaltensweisen, die im Zusammenhang mit der Befriedigung des Geschlechtstriebes stehen. Beim Menschen ist das gegenseitige Orgasmuserleben von prägender Wirkung auf die Bindungsqualität der sich liebenden Partner. Der Sexualakt des Menschen hat damit angesichts persönlicher Partnerbindung eine über die Reproduktion weit hinausreichende Bedeutung erlangt. Das Vorkommen dieses menschlichen Verhaltens ließ schon oft als unmoralisch erscheinen, was ganz im Gegenteil bedeutende Liebesfunktion besitzt.

Sozialdarwinismus. Als Sozialdarwinismus werden Theorien bezeichnet, die die Evolutionstheorie nach Charles Darwin auf menschliche Gesellschaften anwenden und deren Entwicklung als Folge natürlicher Selektion beim Kampf ums Dasein auffassen. Unter den von Natur aus ungleichen menschlichen Wesen setzten sich in sozialen Konfliktsituationen die „Tauglichsten" durch, während sich die weniger Geeigneten unterzuordnen hätten. Menschliche gesellschaftliche Entwicklung sei demnach ein biologisch notwendiger Anpassungsprozess sowohl zwischen Individuen als auch zwischen verschiedenen Gruppen, Gesellschaften, Rassen oder Völkern. Eine solche Auffassung rechtfertigt jeweils bestehende gesellschaftliche Ungleichheiten und Ungerechtigkeiten als notwendig und unumgänglich. Sozialstaatliche Eingriffe seien daher abzulehnen.

Soziokulturelle Evolution beruht (wie die biologische Evolution) auf dem Erwerb, der Vermehrung und der Weitergabe von Information. Doch gibt es Unterschiede. Bei der biologischen Evolution entsteht neue Information durch Mutation, die durch Weitergabe an die nächste Generation vererbt und durch Selektion ausgelesen wird. Die soziokulturelle Evolution beruht auf den Erfahrungen, die ein Individuum in seinem jeweiligen Leben sammelt und in seinem Gehirn als sog. Engramme abspeichert. Diese Art von Information kann mit Hilfe von Lehr- und Lernvorgängen an andere Individuen weitergegeben werden, was als Tradierung bezeichnet wird. Kultur besteht also in ihrem Kern im Hervorbringen, Weitergeben und Aufnehmen von Information durch das Individuum, wohingegen auf der biologischen Ebene die Gene als Informationsträger fungieren. Notwendig für eine soziokulturelle Evolution ist somit das Lernvermögen, das heißt, die Fähigkeit und der Wille, das Verhalten aufgrund von Erfahrungen zu ändern bzw. anzupassen.

System (griech. *systema*, das Gebilde, Zusammengestellte, Verbundene).

Schöpfung (lat. *creare,* erzeugen). Erschaffung der Welt, der Dinge und die Entstehung des Menschen durch eine eigenständige Macht (Gott), zurückzuführen auf eine erste Ursache, die nicht weiter hinterfragt werden kann. Ein moderner Gedanke ist der, dass die Schöpfung als *creatio continua* noch im Werden ist, also einem ständigen Wandel unterworfen ist. *„Die Natur ist die Schöpfung Gottes, die Evolution eine seiner Methoden"* (Steitz, 2006). Konkrete Vorstellungen von der Schöpfung finden sich in Schöpfungsmythen.

Scholastik (mittellateinisch *scholasticus*, Schulmeister). Weiterentwicklung der antiken Dialektik, der Lehre vom richtigen (wissenschaftlich korrekten) Diskutieren. Als *„ancilla theologiae*" (Magd der Theologie) stand die Wissenschaft der Scholastik im Dienste der Kirche, die damals Hort sowohl des Glaubens als auch des Wissens war.

Theodizee (altgriech. *theos*, Gott; *dike*, Gerechtigkeit). Klassisches theologisches Problem für Religionen, die von der Existenz eines einzigen Gottes ausgehen, der allmächtig, allgütig und allwissend ist. Wie lässt sich mit einem solchen Gott die Existenz des Übels in der Welt vereinbaren? Nach menschlichen Maßstäben eine letztendlich nicht lösbare Frage.

Variabilität (lat. variare, verändern). Abweichung von der morphologischen, physiologischen, ökologischen und psychologischen Norm innerhalb einer Generation. Variabilität ist die Grundvoraussetzung für das Wirken der Selektion im Evolutionsgeschehen, wie Darwin erkannt hat. Wie aber Variabilität innerhalb einer Population entsteht, diese Frage konnte Darwin beim damaligen Wissensstand nicht beantworten.

Verantwortung. Voraussetzung für Schuldfähigkeit, die sich darin zeigt, dass ein Mensch bereit und fähig ist, über die Folgen eigener oder fremder Handlungen wertend zu reflektieren.

Verifizierung oder **Verifikation** (lat. *veritas*, Wahrheit). Wissenschaftliche Methode, Hypothesen zu bewahrheiten, d. h. möglichst viele positive Versuchsergebnisse zu bündeln, um sich auf diese Weise der Wahrheit sukzessiv zu nähern.
Im Rahmen des kritischen Rationalismus (K. Popper) wird argumentiert, dass es Verifikation nicht gibt, dass Hypothesen falsifiziert werden müssen, denn wenn z. B. noch so viele weiße Schwäne gefunden werden, beweist das nicht, das alle Schwäne weiß sind. Findet man nur einen einzigen farbigen Schwan, ist die Hypothese falsifiziert. Lange Zeit galt das Gesetz, dass Metalle schwerer als Wasser sind, weil die Beobachtung des Verhaltens von Gold, Silber, Eisen, Kupfer usw. dies lehrte. Damit hatte es ein Ende, als entdeckt wurde, dass Kalium auf dem Wasser schwimmt: das Gesetz war falsifiziert.

Vernunft. Höchstmaß an Erkenntnisvermögen, das nicht, wie der Verstand (Intelligenz), auf die Erkenntnis des Einzelnen, sondern auf den totalen Zusammenhang gerichtet ist und das Einzelne aus diesem Zusammenhang oder aus universellen, systematisch geordneten Prinzipien heraus begreift. Nach Kant das Vermögen, aus eigenen Grundsätzen zu urteilen oder zu handeln.

Wille (lat. *voluntas*) ist, im Unterschied zu Trieb und Begehren, ein geistiger Akt, von dem ein Impuls zur Verwirklichung bestimmter Ziele (Willensziel) ausgeht. Zum Willensvorgang gehören der Willensakt bzw. Willensentschluss oder die Wahl, als deren Ursache die bewussten Beweggründe (Motive) erlebt werden und deren Folge die Willenshandlung ist. Durch die Eigeninitiative unterscheidet sich der Wille vom bloßen Wunsch, dessen Erfüllung durch andere Menschen oder durch den Zufall geschieht.

Wirklichkeit. Der Begriff Wirklichkeit erklärt im Unterschied zum Begriff Realität bestimmte reale Dinge, die eine Wirkung haben oder ausüben können. Es handelt sich um denjenigen Teil der Realität, der über die Sinnesorgane auf ein Lebewesen einwirkt, wodurch in dessen Innern eine spezifische (subjektive) Wirklichkeit, ein Inbild der Welt geschaffen wird.

Zufall. Als zufällig bezeichnen wir Abläufe, die nicht gesetzlich festgelegt erscheinen, es sich also um das Eintreten oder Zusammentreffen von Ereignissen handelt, die (nach menschlicher Erfahrung) nicht zu erwarten waren.

Danksagungen

Dem Oldib-Verlag bin ich für die Herausgabe dieses Buches, insbesondere Herrn Dr. Oliver Bidlo, zu großem Dank verpflichtet. Dankbar bin ich für das stets freundliche Entgegenkommen, für die Leistungen des Lektorats und die Ratschläge mit Blick auf die Gestaltung des Buches.

Des Weiteren möchte ich den Fachkollegen, Freunden und Verwandten herzlich danken, die bei der Herstellung des Buches in verschiedener Weise behilflich waren. So haben die Herren Wolfgang Deesz, Rolf Lang, Bernd Lindemann, Valentin Mayring, Albrecht Ochs, Werner Sonn, Gerhard Taddey, Walther Traut, Wolfram Zarnack, mein Sohn Uwe Steitz und meine Geschwister Erwin Steitz und Gerda Bosslet den Fortgang der Arbeit mit teilweise harter, aber stets konstruktiver Kritik begleitet.

Herrn Albrecht Ochs danke ich besonders für das zeitraubende Korrekturlesen, das nicht nur der Rechtschreibung sondern auch dem Stil zuträglich war.

Frau Elisabeth de Lattin möchte ich einen besonders herzlichen Dank aussprechen, denn sie hat den verschiedenen Facetten des Buches von Anfang an nicht nur größtes Interesse gewidmet sondern auch mittels temperamentvoller, nie erlahmender Aufmunterung zur beschleunigten Fertigstellung des Buches beigetragen.

Herrn Erwin Steitz (Bruder des Autors) gilt mein besonderer Dank für die Bereitstellung des Holzschnittdrucks „Meditierende Ophelia“ zur Ausschmückung des Textes. Das Bild stammt aus der 10-teiligen Holzschnitt-Serie „Hamlet“ aus dem Jahre 1949.

Oldib Verlag
Einführungen

Oliver Bidlo: **Vilém Flusser**. Einführung.

Frank Weinreich: **Fantasy**. Einführung.

Patrick Peters: **Edda**. Einführung.

Alexanders Berens: **Europa**. Einführung.

Anja Stürzer: **Shakespeare**. Einführung.

Tanja Bidlo: **Theaterpädagogik**. Einführung.

Thepakos⁺

Interdisziplinäre Zeitschrift für Theater und Theaterpädagogik

Thepakos⁺ wirft 3-mal jährlich einen interdisziplinären Blick auf das Theater und die Theaterpädagogik. Ein solcher Blick greift auf unterschiedliche Disziplinen zurück und wechselt gleichzeitig zwischen Theorie, Praxis und Ästhetik. Als solches finden sich Perspektiven aus der Theaterpädagogik, Soziologie, Philosophie, Pädagogik, Theaterwissenschaft, Germanistik oder der Kommunikationswissenschaft, die sich in unterschiedlichen Beiträgen niederschlagen. Praktische Ausformungen der theaterpädagogischen Arbeit sind – dem Wesen des Faches nach – unerlässlich und zwingend. Somit liegt in der Vermittlung zwischen Theorie und Praxis ein weiteres – neben der Interdisziplinarität – Selbstverständnis der Zeitschrift.